妊娠·分娩·育儿专家方案系列

U0871402

40周同步胎教

专家方案

中日友好医院产科专家
王玉萍◎主编

中国妇女出版社

图书在版编目（CIP）数据

40周同步胎教专家方案 / 王玉萍主编. --北京：中国妇女出版社，2016.7

（妊娠·分娩·育儿专家方案系列）

ISBN 978-7-5127-1287-4

Ⅰ. ①4… Ⅱ. ①王… Ⅲ. ①胎教—基本知识 Ⅳ. ①G61

中国版本图书馆CIP数据核字（2016）第094729号

40周同步胎教专家方案

作　　者：王玉萍　主编
责任编辑：门　莹
封面设计：尚世视觉
责任印制：王卫东
出版发行：中国妇女出版社
地　　址：北京东城区史家胡同甲24号　　邮政编码：100010
电　　话：（010）65133160（发行部）　65133161（邮购）
网　　址：www.womenbooks.com.cn
经　　销：各地新华书店
印　　刷：北京通州皇家印刷厂
开　　本：170×240　1/16
印　　张：17
字　　数：230千字
版　　次：2016年7月第1版
印　　次：2016年7月第1次
书　　号：ISBN 978-7-5127-1287-4
定　　价：29.80元

目录

胎教知识篇
科学胎教，让宝宝遇见更好的自己

胎教实践篇 40周胎教全程指导，妈妈和宝宝共同成长

怀孕4个月胎教要点 / 108

胎教知识篇

科学胎教，让宝宝遇见更好的自己

01 胎教是一门古老而崭新的学问

中国是最早倡导胎教的国家

西汉大学问家刘向在他所著的《列女传·周室三母》中就提到，早在周朝时，妇人怀孕就很讲究，“寝不侧、坐不边、立不跸、食不邪味、耳不闻于淫声，夜则令瞽人诵诗、道正事（睡觉不侧身睡，坐着不胡乱坐在席子的边上，立着不靠门框，吃食不碰味不正的东西，听乐不听声音淫荡的音乐，夜晚聆听盲人诵读优美的诗歌、讲解正义和正气的美好事情）”。认为这样的孕妇生下来的孩子就会“生形端正，才德必过人（体形相貌端正，才气品德必定超过常人）”。东汉时期，王充在《论衡·命义篇》中提出了“胎教之法”，初步形成了胎教学说。宋代时，名医陈自明在《妇女大全良方》中就有“胎教论”，对胎教进行了专题论述。明代时的许多名医对胎教也都有详细的论述，使胎教学说进一步完善起来，成为比较系统和全面的学说，并且对清代产生了较大的影响。清代的陈梦雷等人在编辑《古今图书集成医部全录》时就把历代关于胎教学说的内容汇集在一起，以“小儿未生胎养门”列为儿科分卷之首，对历代胎教学说做了总结。清代末期著名思想家康有为在其著作《大同书》中也主张建立胎教院，认为这样有利于培养聪明的后代，提高人口的质量。

● 中国古代的胎教智慧

中国古人的胎教智慧表现在对孕妇人格、修养、身体健康的关注，在培养胎宝宝方面注重的是胎宝宝的品性、人格，是一种全方位考虑、有益于胎宝宝的胎教。古人认为孕妇的人格修养直接影响着胎宝宝的人格形成，对胎宝宝的素质高低起着非常关键的作用，而如果胎宝宝的人格塑造端正了，以后会在许多方面表现出优秀品质，也包括身心的健康。

性格培养和智力培养同等重视，身体健康和气质品性综合考虑，这是中国古人胎教智慧最有价值的地方。

● 妈妈气血调和，宝宝德才过人

古人在长期生活实践中发现，孩子的人品、智慧、个性和健康都“肇自血气（源于人的血气）”，既与父母亲的先天遗传有很大关系，也与母亲怀孕期间的生活调理有很大关系。先天遗传谁也改变不了，但母亲在怀孕期间如果能保持心情平和愉悦、血脉和顺畅通，没有乖戾暴躁的脾气，没有埋怨不满的情绪，并且能在吃、穿、行、睡、站、坐、与人谈笑等生活起居、为人处世方面，处处保持身正、气正，生下的孩子就会气血调和、身体健康、品行端正、没有邪气，这样的孩子长大后就会德才过人、有大出息。

1.西汉刘向的观点

刘向在他的书中列举了周文王母亲和周成王母亲的怀孕经验。周文王被后人认为是历代君王中最贤德的君王，他从小耳聪目明、过目不忘，凡事教他一点，他就能举一反三，悟出很多道理。当上周王以后，他克己为民，努力以贤德影响民众，使周朝出现了难得的全国富裕、民众安居乐业、“路不拾遗（走在路上看到别人掉的东西不去捡）”的好景象。刘向提到周文王母亲在怀文王时，“太任（周文王之母）有身孕，目不视恶色，耳不听淫声，口不出傲言（眼睛不看难看的色彩，耳朵不听淫荡的声音，说话不说傲慢之言）”。认为周文王母亲由于实行了严格的胎教，所以生出了周文王这样贤明而有崇高德行的君王。汉代文人贾谊也在他的《新书·胎教》中记载了周成王母亲的怀孕经验：“周妃后妊成王于身，立而不跛，坐而不差，笑而不渲，独处不倨，虽怒不骂，胎教之谓也（周妃子在怀周成王时，站立时身子不歪，坐着时在席子正中不偏向一边，笑时不大声张狂，一人高高在上时不傲慢，虽然感到愤怒却从不张口骂人，这就是讲究胎教的缘故）。”

2.隋代名医巢元方的观点

隋代名医巢元方在他的医学名著《诸病源候论·妊娠候》中也谈到了母亲保持正气、气血调和对孩子会有很大影响：“子欲端正庄严，常口谈正言，身行正事（你要想让孩子生得端正庄严，就得注意端正自己的言行，不说污言秽语，不做不道德的事）。”

3.唐代名医孙思邈的观点

唐代名医孙思邈在他的医学名著《千金要方·养胎》中也提出了孕妇要保持血气正常、生出聪明健康的孩子，就得“调心神，和惰性，节嗜欲，遮事清净（调理自己的心情和精神，去掉懒惰性情，节制自己的各种欲望，万事保求清净）”。

4.宋代名医陈自明的观点

宋代名医陈自明在他的《妇人大全良方》中更是从中医气血理论的角度讲到了母亲健康、血气调和对孩子的健康和气质健全的影响：“夫人以胃气壮实、冲任荣和，则胎得所，如鱼处渊；若气血虚弱，无以滋养，则始终不能成也（母亲胃气壮实，阴阳之气调和荣盛，那么胎宝宝就会有好的生长条件，如鱼游在深水里一样；如果母亲气血虚弱，胎宝宝就得不到滋养，那样胎宝宝从头至尾就成长不好）。”所以要培育健康健全的孩子，必须“阴阳平均，气质完备，成其形尔（只有阴阳平衡，孩子才会气质完全，各个方面有正形）”。

这些例子说明，我国古代先民很早就注意到了母亲气质、行为对胎宝宝身心健康的极大影响，并已积累了一整套调理母亲气血、起居行为，以求生出好孩子的珍贵方法。

● 妈妈情趣高雅，宝宝漂亮善良

中国的古人很注重人与环境、大自然的感应，在胎教上也同样有外象内感的理论，认为孕妇每天看到、听到的东西美不美，对胎宝宝今后的容貌是不是漂亮正、情感是不是愉悦宁静、品格是不是崇高、性格是不是稳重健全、孩子有没有较高的审美情趣等都有很大关系。母亲感受美与善，胎宝宝就会变得美善；母亲感受邪与恶，胎宝宝就会变得邪恶。所以美育成了中国古代育儿法中的最主要方法，也是胎教中最关键的方法。

从这一观点出发，古人提倡有条件的孕妇最好每日能“视美玉”、看美画、看美文美诗、听美的音乐歌唱或诗文诵读，让孕妇能不时沉浸在美好的情怀之中。汉代刘向的书中提到了周文王母亲注重美育的经验：“目不视恶色，耳不听淫声”“食不邪味”“夜则令瞽人诵诗”，且常常静坐着观看美玉；宋代陈自明在他的书中也说：“欲子美好，玩白玉，观孔雀（想要孩子长得美丽漂亮，就常常把玩白玉、观看孔雀）。”美玉的柔嫩性质会使观看的人情绪变得温柔美好，美玉的晶莹剔透会使人产生清明感；孔雀美丽大方，其羽毛灿烂缤纷，看了能使人兴奋欢喜，这样美的情怀和对美的感悟会潜移默化地影响胎宝宝，使他不仅长得美、长得端庄，对美也会有天生的感悟能力。

我国唐代名医孙思邈在《千金方·养胎》中发挥了南齐徐之才提出的逐月养胎法，认为要培养端正正气、健康无病的孩子：“欲得观……珠玉宝物，欲得见贤人君子、盛德大师……口诵诗书，古今箴诫，居处简静，割不正不食，席不正不坐。弹琴瑟，调心神，和性情（要多看美丽灿烂的珠玉，要多与贤惠通达的君子和有大德行大智慧的大师相处，多朗读诗歌和美文及古今的哲理名言，生活求简明清静，肉切得不正不吃，席子摆得不正不坐。要多弹琴瑟多听音乐，心神要调得愉悦，性情要保持平和）。”

我国清代的改革家康有为、后来的大文学家鲁迅、大教育家蔡元培都在他们的著作中提到了设立胎教院，对胎宝宝进行美育的意义和设想。他们从忧国忧民、改造国民的目的出发，认为对胎宝宝进行美育有助于提高中国的国民素质。

● 妈妈静修爱学，宝宝智力超群

中国的古人经过长期观察发现，人智慧的发展与人是否能处于宁静虚灵状态很有关系，所以提倡人们注重静修，认为“宁静致远”，那些气粗神躁的人是很难有高超的智慧的。既然智慧是在宁静愉悦的心情中产生的，母亲如能有平和愉悦的心态，自己的智慧就能提高，所怀孩子的智力也会相应得到提高。所以孕妇要静养静修，“严守礼仪，清心养性”，这样做会非常有利于胎宝宝的智力发展。

诗歌、美文是两种高智商的文学作品，所以诵读诗歌既是一种美育胎教方法，也被古人当成了智慧胎教的主要手段。怀着周文王的母亲夜晚要听盲人诵读诗歌，后来不少有教养的孕妇也都把读诗、写诗当成了智力胎教的主要手段。

02 现代科技验证胎教的作用

20世纪70年代以来，超声波技术广泛应用于妇产科临床，人们对胎宝宝在母亲子宫内的活动了解得更加清楚了，各国学者利用B超观察胎宝宝在接收外界各种信号刺激以后的反应，研究不断深入并见诸报道，从而更加科学地证明了胎教的作用。美国胎教、幼教专家托马斯伯尼等通过大量的科学实验和临床研究观察，揭示了神秘的胎宝宝生活。他认为胎宝宝的性格和记忆力在妊娠期母子间的“感通”中已初步形成，并对其未来人格、智慧的发展起着举足轻重的作用。他指出，胎宝宝对生活内外环境的应激反应是母子“感通”的重要因素，孕妇应不失时机地采取有效措施，调适情绪，特别是经常聆听优美的音乐，以形成胎宝宝良好的应激反应，这可以维护母子生理、心理健康，使人的精神在胎宝宝期即得到优化和美化。法国心理学家贝尔纳蒂斯形象地认为：“胎宝宝在子宫内发育成长，并不像大白菜那样只靠营养来浇灌，胎宝宝的触觉和听觉是十分敏感的，能接受外界的各种刺激，可以说外界的刺激对胎宝宝的发育成长是很有影响的。”

总结各国最新的胎教研究经验，以及中国古代、民间长期积累的胎教经验，我们可以发现，胎教是有其不可忽视的意义的。为什么有的人身体发育各方面不平衡？为什么有的人情绪容易波动？为什么有的人智商高、有的人智商低？虽然许多问题并不能完全归于有没有进行胎教、胎教是否得当，但科学家们已经可以得出结论，这些问题都可以从胎宝宝父母的人格、智商、生活起居方式，以及对胎宝宝的关爱等方面找到相应的线索和一定的关系。

Tips 小贴士

那些出生普通却有杰出表现的人，其家庭、父母即使没有进行有意的胎教，但在不经意中一定有其独到的地方，也是可以总结出一些可贵的经验的，这种总结对防止准父母因无知、经验不足而造成孩子身体和智力上的损伤有极其重要的意义。

03 胎儿期是脑发育的关键期

做父母的都想得到一个聪明伶俐、活泼可爱的好孩子。然而，聪明孩子的前提却取决于胎儿期大脑的发育情况。现在我们就来看看胎儿的大脑是怎样发育的。

早在受孕后的第20天左右，胚胎中已有大脑原基存在；妊娠第2个月时，大脑里沟回的轮廓已经很明显；到了第3个月，脑细胞的发育进入第一个高峰时期；妊娠第4～5个月时，胎儿的脑细胞仍处于迅速发育的高峰阶段，并且偶尔出现记忆痕迹；从第6个月起，胎儿大脑表面开始出现沟回，大脑皮层的层次结构也已经基本定型；第7个月的胎儿大脑中主持知觉和运动的神经已经比较发达，开始具有思维和记忆的能力；第8个月时，胎儿的大脑皮层更为发达，大脑表面的主要沟回也已经完全形成。

据有关资料报道，胎儿的大脑从妊娠6个月起就已具有140亿个脑细胞，也就是说已经基本具备了一生中所有的脑细胞数量，其后的任务只是在于如何提高大脑细胞的质量，若想再增加一些脑细胞，恐怕是回天无力了。

由此可见，胎儿期是脑发育十分关键的时期。仅仅从这一点来看，从胎儿期开始的系统科学的胎教就势在必行。当然，胎儿脑的发育还不够成熟，尤其起重要作用的脑神经末梢尚未完全形成，要到出生后10岁左右才能全部发育完成。未来的父母在胎教过程中应注意这一问题，切不可急于求成，否则只能欲速不达。

胎儿脑发育-延展阅读

04 胎儿很早就开始聆听世界

听觉系统是胎儿与环境保持联系的主要器官，也是进行听力训练的物质基础。因此近年来人们对胎儿听觉机能研究越来越重视了。到20世纪80年代，人们用现代科学技术对胎儿的听力进行测定，除证明胎儿有完整的听力外，进而提出胎儿在子宫内能接受“教育”，进行“学习”，并形成最初的“记忆”，这种新的认识为胎教提供了科学依据。

出生几天的婴儿，哭闹是常有的事。如果母亲把婴儿抱在左胸前，婴儿会很快安静下来，歇息入睡。这也许并未被年轻妈妈注意，却引起了科学家的深思，这是因为胎儿在母亲体内时就已习惯了母体血液流动的声音和血管的搏动，出生后，婴儿的耳朵贴近母亲的胸脯，这种声音和跳动把婴儿带回昔日宁静的日子和安全的环境中，这种早已体验过的安全感是任何优美的催眠曲都无法比拟的。

胎儿的眼、耳、鼻、皮肤等感觉器官在妊娠早期就已形成，但功能的建立和发展则是妊娠中后期的事，这也和感觉的司令部——大脑的发育有关。妊娠4～5个月时，胎儿的脑的结构已日趋完善，各种感觉就逐渐发挥了作用。譬如，在妊娠中期，胎儿对声音已相当敏感。这声音既包括母体体内的声音，如大血管的搏动，其节律与心脏是相同的，这也许是胎儿出生后对母亲心音有亲昵感的原因；胎儿还十分熟悉子宫动脉和脐带血管的搏动以及肠蠕动等；另外，胎儿对母亲体外的声音也会有反应，如外界的各种响动。有人发现，孕妇的一次大声喷嚏，也会使胎儿为之一惊，这说明，母亲与胎儿已建立起一套信息传递系统，形成一个母子统一体。

据研究结果显示，自妊娠6个月起，胎儿就开始不断地凝神倾听。妊娠期间，母亲的子宫是一个非常“嘈杂”的场所，有大量的声音传入胎儿耳内。在传入胎儿耳内的声音中，最为嘈杂的是母亲胃内发出的“咕噜咕噜”的声音。另外，即使是父母比较低微的谈话声，胎儿也会全神贯注地倾听。但是，支配胎儿所处环境的声音，毕竟是母亲那富有节奏的心脏搏动声。如其节奏正常，胎儿就会知道一切正常，即胎儿会感到所处环境安全无忧。

何以见得呢？随着现代医学的发展，借助于B型超声波诊断仪，人们已能观察到胎儿在母体子宫内的活动情况以及吞吐羊水的有趣模样。胎儿能接受外界的刺激并作出反应。当胎儿听到音响时胎心音会变快，听到汽车的喇叭声时会出现频繁的胎动；用光照射孕妇的腹部，胎儿会有眼球活动。

有人还做了这样一个实验：在妊娠期间，父母给胎儿起一个小名，并让父母常常向腹中的胎儿呼唤他的小名。胎儿出生后，当他听到有人呼唤他的小名时，会突然停止吃奶或在哭闹中安静下来，有时甚至会露出似乎高兴的表情。这项实验结果在一定程度上说明，胎儿不但具有听力，而且有一定的记忆能力。数年前的一项研究对照结果表明，在新生儿室内给一部分新生儿播放妈妈心脏跳动的录音时，听到这种录音的新生儿比没有听到这种录音的新生儿表现得更活泼，饮食和睡眠状况良好，体重迅速增加，呼吸能力不断增强，不爱哭闹，不易生病。

胎儿在宫腔内被羊水包围，生活在一个水环境中，而水对声音具有选择的过滤作用，它能除去一部分低音，对高音则有较多的保留，故胎儿对声音具有很强的敏感性。

05 胎儿对光线非常敏感

胎儿的视觉比其他感觉的发育要缓慢，其原因是显而易见的。子宫虽说不是漆黑一片，却也不适于用眼睛看东西。然而，胎儿的眼睛并不是完全看不见东西，从妊娠第4个月起，胎儿对光线就非常敏感。母亲进行日光浴时，胎儿就可感觉到光线强弱的变化。

对母亲腹部直接进行光线照射，有时会使胎儿感到不快。这时，即使胎儿不背过脸去，也会显出惊恐不安的样子。现代医学利用B超观察发现，用手电光一闪一灭地照射孕妇腹部，胎儿的心搏数就会出现剧烈变化。

刚刚生下不久的婴儿，视觉并不是特别敏感，而且其视野比较狭窄。如果把一件东西放在新生儿眼前，新生儿能够十分清楚地看到那件东西。而且，新生儿还能够在离自己15厘米～30厘米处看清母亲表情的变化，甚至还有报告说，新生儿能够在离自己3米左右的地方看清手指的轮廓。

艾伯特·赖利博士从理论的角度精辟地论述了这一点。据博士讲，新生儿视觉上的缺陷，至少还部分地残留着胎内生活习惯的痕迹。如果说新生儿只关心30厘米～40厘米的物体，那是因为这一距离与他所刚刚脱离的子宫长度相当。日本的小林登教授用强光照孕妇的腹部，发现胎儿会闭眼。近两年间发现，当摄影灯突然打开发出强光，强光透过躺着的孕妇腹壁进入子宫内后，胎儿马上活动起来，等几分钟适应之后，胎动才减弱下来。为了避免因强光的热效应刺激孕妇腹部而引起的胎儿反应，北京某医院产科在实验中把白炽灯泡浸入装水的玻璃槽内，光线透过装水的玻璃照在孕妇腹壁，然后透入子宫内，同样发现光线突然照射引起了胎动增强。

1981年，美国哈佛医学院发现，利用新近研制的仪器得以目视观察妊娠后半期的胎儿眼睛显影，辨认区分眼动的方式。妊娠期16～42周的胎儿眼睛有90％以上目视可见。孕16周出现慢速眼动，孕23周开始出现快速眼动，而在妊娠24～35周较频繁出现慢速和快速眼动。

06 胎儿的触觉非常发达

上面已经介绍了胎儿的听觉和视觉，其实，胎儿的感觉功能远不止这些，同时还具有皮肤感觉（触觉）、嗅觉以及味觉等感觉功能。

胎儿的触觉出现得早，甚至早于感觉功能中最为发达的听觉。由于黑暗的宫内环境限制了视力的发展，所以胎儿的触觉和听觉就更为发达。

妊娠第2个月时，胎儿就能扭动头部、四肢和身体。妊娠4个月时，当母亲的手在腹部触摸到胎儿的脸时，他就会做出皱眉、眯眼等动作。如果在腹部稍微施加一些压力时，他立刻就会伸小手或者小脚回应一下。有人通过胎儿镜观察发现，当接触到胎儿的手心时，他马上就能握紧拳头做出反应；而接触到其嘴唇时，他又努起小嘴做出吮吸反应。更为有趣的是，国外一些研究人员根据超声波图像分析，生活在子宫内的男性胎儿阴茎居然能够勃起。这一切都充分地说明了胎儿触觉功能的存在。

胎儿对触觉刺激的反应灵敏性，对人工流产的研究进一步证实了这一点。如2个月的引产胎儿即可对头发的刺激产生反应活动。触及4～5个月的引产胎儿的上唇或舌头，他就会产生嘴的开闭活动，好像是吮啜的样子。用胎儿镜观察还发现，如果用一根小棍触碰引产胎儿的手心，他的手会握紧手指，碰他的足底，他的脚趾可动，膝和髋还可屈曲。

07
胎儿也喜欢甜滋味

胎儿的嘴巴发育于妊娠第2个月，在妊娠4个月时，胎儿舌头上的味蕾已发育完全。尽管羊水稍具咸味儿，胎儿还是能够津津有味地品尝。新西兰科学家艾伯特·利莱通过一个简单的实验证明胎儿的味觉在4个月时已经出现。他在孕妇的羊水里加入了糖精，发现胎儿正以高于正常一倍的速度吸入羊水。而当他向子宫内注入一种味道不好的油时，胎儿立即停止吸入羊水，并开始在腹内乱动，明显地表示抗议。

胎儿的鼻子也是在妊娠第2个月就开始发育，到了第7个月，鼻孔就能与外界相互沟通。但是，由于被羊水所包围，所以他虽然已经具备了嗅觉，却无法一展身手，自然其嗅觉功能也就不可能得到较大的发展。尽管如此，胎儿的嗅觉一出生就能派上用场，新生儿在吃奶时能闻出母体的气味，而且以后只要他一接近母亲就能辨别出来。

08 胎儿也有记忆能力

这是一个有争议的问题。有人认为，从妊娠第4个月开始，胎儿的大脑中已经偶尔会出现记忆痕迹；也有人认为，8个月以前的胎儿不可能具备记忆功能，但同时又认为记忆能力从胎儿期就已经开始萌芽。目前医学界多数人都认为，胎儿具有记忆、感觉的能力，而且这种能力还将随着胎龄的增加逐渐增强。

● 音乐家的生动事例

这是一个有趣的例子，讲的是钢琴家鲁宾斯坦、小提琴家梅纽因以及乐团指挥罗特等人的经历。在他们的演奏生活中都曾对一些从未接触过的曲子感到似曾相识，即使不看乐谱，乐曲的旋律也不由自主地在脑海中源源不断地涌现。究其原因，发现原来是他们的母亲在怀孕时曾经反复弹奏过这些乐曲。加拿大哈密尔顿乐团的指挥鲍里斯在一次演奏时，一支从未见过的曲子突然在脑海里出现，而且十分亲切，这使他迷惑不解，原来他的母亲曾是一位职业大提琴演奏家，在怀鲍里斯时曾多次演奏过这支曲子。一位名叫海伦的女性经常给她腹中7个月的胎儿唱一首摇篮曲，孩子出生后，不论其哭得多么厉害，只要海伦一唱那首摇篮曲，孩子立即就安静下来。这些例子都无可辩驳地说明了这样一个问题：胎儿具有一定的记忆能力。

西班牙一家专门研究产前教育的研究所的中心课题是：腹中胎儿的大

脑功能会被强化吗？研究结果表明，胎儿对外界有意识的激励行为的感知体验将会长期保留在记忆中，并对其未来的个性以及体能和智能产生相应的影响。有关研究表明，胎教是教育的启蒙。由于胎儿在子宫内通过胎盘接受母体所供给的营养和母体神经反射传递的信息，所以胎儿脑细胞在分化、成熟过程中能不断接受母体神经信息的调节与训练。因此，妊娠期母体心情的调节与子女才情的发展有很大的关系。

● 胎儿期的记忆影响一生

德国医生、催眠疗法的先驱人物保罗·比库博士治疗过一位男性患者。这位患者的情况，清楚地证明了胎儿期的潜在记忆对人的一生将产生巨大的影响。

这位患者遭受剧烈不安时，全身常出现暂时性的发热感觉。为查明原因，比库博士将患者引入睡眠状态。于是这位患者渐渐回到胎儿时期，回想起当时发生的重大事情。他在讲述胎儿7个月以前的情况时，语调平缓，神情自若。当开始讲述其后的情况时突然嘴角僵硬，浑身颤抖，身体发高烧，露出惊惧的神色。显而易见，这位患者回忆起导致他出现这一症状的胎儿时期的体验。然而，其原因何在呢？数周后，博士走访了这位患者的母亲。据患者的母亲说，当她妊娠7个月后曾洗过热水浴，试图堕胎。

在出生前数月内，胎儿的行为渐趋复杂、成熟。这是因为迅速增大的记忆储存促进了自我形成，并开始引导胎儿行为的发展。

在某一个阶段内，人的对立情绪皆起源于记忆，不管这一记忆是有意识的，还是无意识的。譬如说，比库博士所治疗的男患者，在他的记忆中并未储存不安的发生源，但从其发生源中产生的恐怖却并未因此而销声匿迹。因为20年来，胎儿期的深刻记忆一直潜在地支配着这一患者的行为。每个人都有已忘却的记忆，而且这种记忆正在无意识地对人的一生产生着影响。

09 胎儿已具备学习能力

人们发现，婴儿从出生第一天起就能辨认出母亲的声音，而且对这种声音表现出极大的兴趣。法国学者曾经对一些婴儿进行过法语和俄语的选择试验，结果发现他们对法语发音反应更为强烈。这就说明了一个问题：这个小生命在胎儿时期就已经具备了学习能力。

人们都说婴儿是一张白纸。其实，早在胎儿时期这张白纸上就已经开始描绘图画了。瞧，深居在母亲子宫内的小生命伸出小脚来探测他的胎盘，“这是什么东西？”经过几个回合的研究，他终于放心了，确认这是一个柔软、安全的物品；一个偶然的机会，胎儿的手碰到了漂浮在旁边的脐带，“这又是什么东西？”很快，脐带就成了胎儿的玩具，他一有机会便抓过来玩弄几下；对于包围他的羊水，小生命更是潜心研究，不时地吞咽几口品尝一下；母亲子宫的血流声、肠道的蠕动声以及心跳的搏动声，对于胎儿来说无异于一首美妙动听的曲子，统统被收入大脑，储存进记忆系统，以至出生后依然念念不忘；对于外界传入的音乐声，胎儿也颇感兴趣，转动头部，让耳朵贴近外部世界认真倾听。久而久之，一旦这种声音传来，胎儿便产生一连串的动作作为反应。

总而言之，子宫内的小生命具有出色的学习能力，他将利用一切可能的机会抓紧学习。他学习吞咽、学习吮吸、学习运动、学习呼吸……当然，他还是一个小小的“心理学家”，通过母亲传递过来的一切信息揣摩着母亲的心绪，学习心理感应。

小贴士

鉴于胎儿这种潜在的学习能力，母亲在妊娠期间，尤其是后半期应强化与胎儿的交流，及时实施早期胎教，通过各种可能的渠道，使胎儿接受有益的刺激，获得良好的胎内教育。

10 胎儿也有自己的性格

胎儿和新生儿的区别仅在于是否经历分娩这一过程，其实作为一个具有能力的人来说，两者是没有本质区别的，他们都有自己的性格。比如，刚出生的新生儿有只爱睡觉的，有睁着眼睛东张西望、手舞足蹈的，也有低声长时间哭泣的。胎儿也一样，有爱动的，也有不爱动的，他们的性格特征随母亲体内的环境和母子组合的不同而呈现出不同的特点。

据瑞士小儿科医生舒蒂尔曼博士的研究报告分析，新生儿的睡眠习惯是由母亲在怀胎后数月内决定的。舒蒂尔曼博士在此项研究中将孕妇分为早起和晚睡两种类型，分别对她们所生的孩子进行了调查，结果不出所料，早起型的母亲所生的孩子一生下来就有早醒的习惯；而晚睡型母亲所生的孩子，一生下来则有晚睡的习惯。这表明，胎儿在母亲腹中就会准确地适应母亲的日常生活节律，他的习惯与母亲的习惯密切相关，而且出生前就与母亲之间存在感觉共通。据舒蒂尔曼研究，在胎儿出生前的数月内，母亲和胎儿就已经能把生物节律和情绪相互连接在一起了。出生后母子间的感觉共通是出生前就早已存在的那一感觉共通过程的延续。因此，感觉共通不仅为胎教提供了科学的依据，也是胎教实施的途径。

11
日本的胎教研究成果

除了中国之外，日本也是非常重视胎教的国家。日本胎教的历史可追溯到400多年前的江户时代。进入20世纪70年代以后，随着经济和科学技术的飞速发展，日本一些医学专家和教育专家借助现代技术与先进仪器设备，从胎宝宝医学、教育心理学和超前教育学等几方面，仔细研究探索了实施胎教的可能性和科学方法，取得了重要突破。目前，日本已成为世界上宣传、实施胎教最为积极的国家。

● 日本的胎教研究

第一类是专门研究和记录母亲腹内的胎宝宝受到外界刺激（包括声音、光线和触觉等）后的反应，如胎心和胎动变化以及有无眨眼和握手反应等，证明了胎宝宝在母体内是一个有感知、有反应的生命体。这为开展胎教提供了可行性证明，说明出生前的胎宝宝已可作为一个完整的人接受教育。室冈一先生在1982年的《产妇人科》上发表了声音刺激下胎宝宝的心率观察记录实验报告，还出版了专著《胎宝宝的感受方法》。小林登教授在1983年的《围产期医学》上也发表了《母子相互作用的意义》等文章。

第二类是研究外界的声音如何传导到子宫内的实验，为胎教中将语言和音乐传给胎宝宝提供了直接可靠的实验依据。研究发现，外界声音可以通过人体腹壁传声，一般穿透母体组织后强度会有一定程度的衰减，但2000赫兹以下，特别是500赫兹～1000赫兹的声波，透入子宫内时强度衰减很少。因此，如果要让语言和音乐透过子宫内进行胎教，应选择中低频为主的优美声音和乐曲。父亲用那富有磁性的声音对胎宝宝讲话，胎教效果最好。

第三类是推广与开发的实践活动。这方面工作主要以井深大先生、千叶大学的多湖辉教授等人为首，是昭和44年设立的财团法人胎儿开发协会的主要研究工作。参加这个协会的不仅包括有关科学家、医学家、教育学家，还有遍布日本各地的热心于胎宝宝智力开发的各方面人士。他们努力进行研究工作，写出了一篇篇相关的文章，以此指导着胎教的研究和实践。日本国内的一些专家不但参与胎教科学实验，还前往世界各地参加胎教的有关科研和学术交流，观察和测试一些智力超常儿童的早期胎教、幼教，对于促进世界性的胎教研究起到了很大的推动作用。

另外，日本的胎儿发展协会和索尼音乐艺术会曾经举办定期的“胎儿音乐会”，对孕妇腹中的胎宝宝进行专门的音乐熏陶，以期通过早期干预提高儿童的智力和综合素质。日本学者阿部顺一教授还创设了“英才制造工程试验”，对127名准妈妈进行胎教指导，结果她们所生的孩子71%智力超常。他由此编写的《英才之路》一书引起了世界各国的广泛关注。

● “有刺激”和“无刺激”实验

日本科学家经过实验发现，母亲充满爱意的语言胎教是一种对胎宝宝的积极刺激，有助于消除孕妇不经意间出现的对胎宝宝的不良语言刺激和处于怠惰状态的“无刺激”、消极刺激，使胎宝宝大脑活动变得积极，反应变得灵敏，语言辨别力得以提高。他们发现，经过语言胎教的胎宝宝出生后3天就能辨别出母亲的声音，而对不熟悉的护士的声音却没有相同的反应。未接受过语言胎教的新生儿，则要到出生10多天以后才会对母亲的声音有明显反应。

12 英、美等国的胎教实践

英、美等国的科学家在胎教方面也做了大量实验和研究，并配以较长时间的跟踪调查，取得了不少珍贵的第一手资料和实践经验。和中国古代胎教关注点不同，他们主要关注的不是母亲自身的调理及修养，而是直接对胎宝宝进行有益刺激，即通过音乐、光照、抚摩、语言对话等刺激，促使胎宝宝身体和大脑功能更好地发展，从而提高孩子的智力水平和综合素质。

● 美国的斯瑟蒂克胎教法

美国佛罗里达州的斯瑟蒂克夫妇用“子宫对话”的方法，把爱传递给胎宝宝，先后培养出4个才学出众的女儿。这4个女儿在出生后23周即开始咿呀学语，智商均在160分以上，大女儿10岁便进入大学。他们夫妇在《胎儿都是天才》一书中写道：“胎教成功的秘诀就是爱和耐心。”他们总结出了“斯瑟蒂克胎教法”，认为胎宝宝如同一台新电脑，要勤于输入信息，输入越多胎宝宝的智能发育越好。

美国科学家还发现，如果准妈妈能经常为胎宝宝朗读优美的诗文，孩子出生后对诗文的理解力和兴趣都会明显高于胎宝宝期未听过诗文朗诵的孩子。

美国的南加州大学曾组织一个科研小组，将一种极细小、安全的扩音器置入准妈妈的子宫中，用以了解进行音乐胎教时胎宝宝听到的音乐，再通过屏幕观察听音乐时胎宝宝的反应。他们发现，胎宝宝所听到的音乐与外界听到的音乐几乎完全一样，胎宝宝对音乐有很积极的反应，不仅变得安静，时而还有愉悦的轻轻踢脚的动作，显然胎宝宝的大脑是处于兴奋状态的。

● 美国的“胎儿大学”

美国加州大学医学院的妇产科专家、胎教专家尼·范德克医生在20世纪70年代末创办了一所“胎儿大学”，对1000多名4个月以上的胎宝宝进行过专门化的语言对话教育。结果证明，这种胎教方法对胎宝宝的智力和综合素质提高有很大帮助，因为其中很大一部分胎宝宝出生后显示出较高的智力水平和综合素质。

范德克医生在其胎儿大学里进行了一整套胎教实验，系统地对胎宝宝讲话、播放音乐，在准妈妈的腹部适当地抚摩，拍打腹部的特定部位，等等，通过这些方法促进胎宝宝的听觉和触觉神经发育。他还主张准爸爸也参加胎教活动，这样既可以增进夫妻感情，又可以提高胎宝宝出生后的智力，使他能很快地认识父母，更易于理解语言和数字。

在胎儿大学接受过胎教的宝宝大多与众不同，有的刚刚出生就会用手抚摩妈妈的脸，有的不到5个月就会表达简单的意思。据他们研究，接受过胎教的孩子比没有接受过胎教的孩子智商高20%～40%。

● 英国的音乐胎教实验

对音乐胎教的意义，英国胎宝宝心理学会的专家曾做过专门的研究。他们发现，孕妇如果在怀孕期间能够常为胎宝宝唱歌，并将这些歌录下来，在孩子出生后再给他播放这些录音，孩子会有很激动的表现。这表明胎宝宝是有记忆力的，胎宝宝对熟悉的音乐和歌曲有很好的反应能力，这种能力也是可以通过音乐胎教得到强化和提高的。

英国的心理学研究员奥斯德从胎宝宝能够分辨不同的音乐这一角度做了实验。他先播放音乐，然后把耳机放在准妈妈的腹壁上，同时监测胎宝宝的心跳，发现有一些胎宝宝显然觉得这首乐曲悦耳好听，因而心跳随着音乐而加快，而另一些胎宝宝则没有什么反应。如果把耳机放在孕妇的耳朵上，胎宝宝就没有什么反应。他从而得出结论，认为胎宝宝对某一种音乐有喜欢或厌恶的感觉。几年之后，他发现对舒缓的音乐有感觉的胎宝宝出生并长大之后性格比较柔和，而那些对节奏感强的音乐有感觉的胎宝宝长大之后性格则比较活泼。

英国著名小提琴家耶胡迪·梅纽因曾在英国胎宝宝心理学会成立大会上建议：孕妇应对其胎宝宝唱歌，这能给胎宝宝以和谐的感觉和情绪上的安宁。英国胎宝宝心理学会会长米歇尔·克莱门特印证了梅纽因的论点，并说："当把怀孕期间录下来的母亲歌声的磁带给宝宝播放时，宝宝的反应是十分激动的，因为他们已经有了记忆印记。"

著名的法国胎教实验

法国巴黎健康卫生科学院在20世纪80年代曾做过许多胎教方面的实验，其中最为著名的就是让一名志愿者从怀孕8个月开始，隔日到健康卫生科学院做一次音乐胎教，一直到分娩。然后，他们让出生仅3天的孩子听孕期在子宫内听过的音乐，孩子会咬着奶嘴配合音乐做出有节律的吸吮动作，两只手臂也在有节律地摆动。当停放这种音乐或播放其他音乐时，他就不再吃奶，两只手臂也不再有节律地摆动或摆动得不规则。这个实验表明，胎宝宝在出生前可以接受教育，并有一定的记忆，出生后有再认知的能力。

有一个4岁的法国女孩患有精神分裂症，经常听不进父母的话，也不听周围人的话。可是，有一次，担任治疗的一位医生无意中用英语同她搭话，发现这个女孩的态度竟突然发生了变化，表现出似乎听懂的样子。后来，人们尽可能地用英语同她说话，她那颗一直关闭的心才逐渐敞开了。这个孩子的父母都是法国人，孩子也是在法国生长的，自幼一直听法语，直到4岁为止几乎从未听过英语，为什么会对英语做出如此反应呢？对此医生感到很奇怪，就去找她的父母了解孩子同英语的关系。开始的时候，父母也对此现象感到惊奇，想不出原因。后来，他们终于想起了一件事，原来孩子的母亲妊娠时曾在一家贸易公司工作过，那里的人们天天听英语、讲英语。也就是说，这个孩子在母体里就一直在同母亲一起学习英语。

13 了解胎教知识，上好爱的预备课

人们常说，孩子是爱情的结晶。因此，胎教首先源于爱。受孕的那一刻正是男女感情达到高峰的瞬间。因此，我们建议准备怀孕的夫妇在选择好最佳受孕的日子里，尽量培育夫妇间浓浓的爱意，制造温馨的氛围，培养甜蜜的感觉，让双方在情感、心理和行为等方面都达到高度和谐时同房，为孕育一个健康、优秀的宝宝打下基础。

在妻子怀孕期间，夫妇间和美浓厚的爱意，能为胎儿成长提供一个优教的环境。心理学家研究表明，结婚后妻子对丈夫的依赖性较强，特别是在妻子怀孕之后，对丈夫的依赖表现得更为强烈，情绪也更为不稳，这种心理和情绪上的焦躁很正常。这时，丈夫如果能在这种特殊的日子里给予妻子更多的关爱和体贴，就为家庭和睦奠定了基础，从而也为胎教创造了和美温馨的环境。爱一个人就意味着要为他的幸福去做能做的一切，正是从这个意义上，我们说，只有爱才能实现最高层次的胎教。

爱是胎教的基础还表现为，父母实施胎教时必须充满着爱心。母亲只有用充满爱的心灵去感受胎儿，才能时刻关注胎儿的成长，并积极把爱付诸行动，与胎儿进行积极的交流和沟通。同时，在这样一个充满爱心的孕育过程中，母亲才能深切感受到胎儿的点滴变化，体验到从未有过的母爱，情感逐步得到升华，并能缓解和转移烦躁与不安的情绪，从而产生出一种对胎儿健康成长极为重要的母子亲情。正是这种感情，给意识萌芽中的胎儿传递了一种爱的信息，为日后胎儿形成热爱生活、积极向上的优良性格打下基础。

反之，孕妇若怀着怨恨和烦躁的心理，把孕育胎儿当作一种负担，就不能让胎儿感受到母亲深深的爱意和情感，胎儿的心智发育必然受到消极影响。所以，十月怀胎对孕妇来说不仅是一个孕育生命的生理过程，也是一段心路历程。在这个过程中实施胎教，对胎儿的父母来说都是爱心和耐心的挑战。父母能否坚持下来，能否充满爱心地去与胎儿沟通、交流、感知，是胎教能否成功的关键。同时，父母实施胎教的爱心越强烈，胎教效果也就越好，爱心是胎教的精神保证和精神基础。胎教从孕前开始，胎教从爱心起步。充满爱心的生活就是最好的胎教。

14
直接胎教的主要方法

直接胎教即直接针对胎宝宝的教育，主要包括音乐胎教、光照胎教、抚摩胎教、语言胎教、夫妻共同做的胎教，要点是增加对胎宝宝的智力、情感方面的良性刺激。如在胎宝宝听力发育的关键时期，通过经常给胎宝宝听优美的音乐，来提高胎宝宝的音乐反应能力、接受能力和辨别能力；在胎宝宝有语言感受能力的时候，给他读优美的散文诗歌等情调性美文，来提高胎宝宝的语言感受能力。

● 音乐胎教

国外专家研究发现，人的左半边大脑管逻辑思维、语言能力和分析判断能力；右半边大脑管形象思维、感情和直觉能力。一般右半边大脑发达的人创造力较强，如画家米开朗琪罗、达·芬奇，发明家爱迪生等，都有右脑比左脑发达的现象。音乐训练有助于开发人的右脑、提高人的创造力。对胎宝宝进行音乐胎教是一种培养胎儿音乐素养和兴趣的好方法，也是培养胎儿创造力的最好开端。因为这时胎儿的大脑还是一张白纸，可塑性很强。美妙的音乐还能唤起准妈妈美好的情感和艺术想象力，使准妈妈气血畅通、心情愉快，胎宝宝同时也会产生共鸣，感到身心愉悦，从中受益。胎宝宝在3～4个月时便开始有了听觉能力，6个月时听觉能力已发育到相当完备的程度，所以从胎宝宝4个月起就可对他进行音乐胎教了。

小贴士

医学研究还表明，胎宝宝在子宫内最适宜听中、低频调的声音，而男性的说话声及唱歌声，正是以中、低频调为主的，因此，父亲是音乐胎教的最佳老师。

● 光照胎教

研究者发现，在胎宝宝视力发展的过程中不时对胎宝宝进行光照刺激，胎宝宝会转头寻找光源或转头避开光源，这样做有助于胎宝宝对刺激做出反应，提高胎宝宝机体的活动能力和大脑与机体的反应能力。专家们认为，胎宝宝视力发育较晚，在母亲子宫内一直处于闭着眼睛生活的状态。一般4个月时胎宝宝的视功能开始出现，7个月时视力才发展到较成熟的水平，也就是具有了视网膜开始感受外界光线，并将光的信号传送到大脑的完全功能。所以，光照胎教最好在胎宝宝7个月时开始。对7个月前的胎宝宝，孕妇可进行自然光照的胎教，即经常到阳光下坐一坐，晒晒太阳，这对孕妇自己的健康和心情很有好处，对胎宝宝也同样极有好处。此时的胎宝宝虽不会直接观看太阳光，但对太阳光带来的明亮、暖融融的感觉还是能感受到的，也会觉得舒服。何况太阳光还有激发身体产生维生素D、使身体更多地吸收食物中的钙质等好处。

● 抚摩胎教

准妈妈本人或者准爸爸用手在准妈妈的腹壁轻轻地抚摩胎宝宝，引起胎宝宝触觉上的刺激，以促进胎宝宝感觉神经及大脑的发育，称为抚摩胎教。医学研究表明，胎宝宝体内绝大部分细胞已具有接收信息的能力，并且已能通过触觉神经来感受体外的刺激，而且反应渐渐灵敏。父母可以通过抚摩的动作配合声音，与子宫中的胎宝宝沟通信息。这样做可以使胎宝宝有一种安全感，使孩子感到舒服和愉快，有利于胎宝宝的睡眠和良好心态的形成。

实行抚摩胎教，准妈妈往往处在很好的心情之中，对胎宝宝充满了关爱，首先气血就处于很顺畅的状态，胎宝宝的气血也会随之变得更顺畅，这对胎宝宝的机体运行很有好处，对胎宝宝大脑的平衡发育也很有利。国外有专家甚至认为，一个人如果情绪处于较平和愉快的状态，身体内会分泌多种能补养身体的化学物质和有利于健康的激素；相反，如果情绪处于不快、忧郁状态，身体内会分泌多种有害物质，经常这样就会得心脏病、癌症等多种疾病。这一规律对准妈妈和胎宝宝也适用。

一般认为，抚摩胎教应该从准妈妈感觉到胎动开始，其实从知道自己怀孕就可以实施抚摩胎教了。准妈妈调理好自己的情绪，内心充满愉悦，轻轻地抚摩子宫部位或胎宝宝，一边抚摩一边对胎宝宝说爱抚的话，这样的做法在任何时候对胎宝宝都是有利的。起初胎宝宝不会有动作上的回馈反应，但准妈妈这样做在气血调理、情绪安抚方面均有好处。

Tips 小贴士

专家们通过对胎宝宝出生后的跟踪调查发现，经过抚摩和轻拍等胎教训练的胎宝宝，出生后会比一般宝宝动作灵活，感受力强，对环境的反应能力也较强，身体也会更健康。

语言胎教

准妈妈或家人用文明、礼貌、富有情感和美感的语言，有目的地与子宫中的胎宝宝进行对话，给胎宝宝的大脑新皮质输入最初的语言印记，为其后天的学习打下基础，称为语言胎教。良性的语言刺激有助于胎宝宝语言能力的早期开发和大脑功能的增强。胎宝宝经过语言胎教后，对语言中包含的情调、语言的节奏、语言内容和情调之间的关系等，会有个初步的印象，这种印象对其今后更好地把握、理解语言的规律是极有帮助的。

医学研究表明，父母经常与胎宝宝对话，能使其出生以后具有良好的语言接受能力。

胎宝宝大约2个月时开始长出耳轮、中耳、内耳等，到4个月时听觉器官对声音已有感觉能力，到5～6个月时对外界的声音会有一定的反应能力，大脑也开始对声音有了一定的记忆能力。从显像屏上可以观察到，胎宝宝此时对熟悉的父母亲的声音会有喜欢的反应，如出现眨眼、转过头来、吃手、心律增强等表现；对外界噪声或父母亲发怒的声音则会有皱眉、较猛地踢脚等不耐烦的反应。

语言胎教一般从胎宝宝4个月时开始，但如果考虑准妈妈温柔的心情、充满爱意的抚摩和言语对胎宝宝早期气血形成方面的好处，语言胎教在胎宝宝开始形成时就可进行。早期可配合抚摩胎教一起进行，准妈妈边轻轻抚摩腹部，边说些温柔的、充满爱意的话，这对胎宝宝不会有任何伤害，只有促使胎宝宝气血调和的好处。也可与音乐胎教交替进行，有时说话，有时准妈妈哼歌曲，有时播放音乐。胎宝宝有了听力、大脑记忆力和对情绪的一定表达能力，就能对语言逐渐产生理解力。

Tips 小贴士

专家们发现，对6个月以上的胎宝宝经常性地进行“子宫对话”，孩子今后对语言的理解力会早于一般孩子，开口说话的时间也会较早。

● 夫妻共同做的胎教

有些国外的专家认为，夫妻共同对胎宝宝做胎教，对胎宝宝更有好处。父亲的音质、语调与母亲的不一样，父亲的情感、性格与母亲的也不一样，如果双方能配合起来共同对胎宝宝实施胎教，对胎宝宝的最初影响就是多方面的，这会有助于胎宝宝性格情绪的全面、平衡发展。

胎宝宝在其不同的生长发育阶段，他的6种感觉能力——耳朵的听觉、舌头的味觉、皮肤的触觉、鼻子的嗅觉、眼睛的视觉和躯体的运动感觉，会处在不同的发育水平，有的在胎宝宝发育早期形成，有的则较晚一些。不同的身体发育阶段，其大脑的功能也处在不同的发展阶段，这些感觉能力和大脑活动能力的发展都要靠外界提供的信息来刺激。一般适当刺激越多，这些能力的发展就会越好；没有刺激，感官和大脑的发育发展都会受到延缓，显得平平。这个规律，和孩子出生后如把他放到没有光线、不与人接触的环境就会变成傻子是一样的。我们提倡对胎宝宝进行直接胎教，不是说向胎宝宝直接教授什么知识，而是增加对胎宝宝的良性刺激，以促进胎宝宝各种感官和大脑发展。这是对直接效果胎教的正确理解，并不是像有些人理解的那样狭隘，是大人在外面教，胎宝宝在里面学，即今天你教胎宝宝一首唐诗，他出生后不用人教就会背这首唐诗，并且明白其中的所有意思；或天天给胎宝宝听优美的音乐，他长大就一定会成为一个大音乐家……这样直接的功利效果一般是不可能从胎教中获得的。

小贴士

胎教不同于孩子出生以后的文化教育，即使是直接效果的胎教，它的作用也是间接的，即要从给胎宝宝带来了什么深层次的影响这一点上去理解。给胎宝宝提供良性的信息刺激和影响，尽早开发和锻炼他的各种能力，这就是直接胎教的主要内容和真正意义所在。

15 间接胎教的主要方法

间接胎教指的是关注给胎宝宝提供更好的内部和外部环境。胎宝宝成长必须有好的内部和外部环境，既然胎宝宝是在母亲腹腔中成长的，他与母亲的机体健康、心理状况、感情，以及生活方式、生活环境就会有必然的联系，所以胎教就有了广义上的内容，也就是环境胎教、情绪胎教、智力胎教、品格胎教，以及源自中国古代的气血胎教。所有这些胎教方法关注点不是教育胎宝宝本身，而是教育与胎宝宝有着千丝万缕联系的母亲，包括母亲自身的调理和修养，通过这一点，来影响胎宝宝的身体、感情、智力和性格。如关注胎宝宝营养的全面性，母亲尽可能不偏食，并适当补充容易缺乏的营养成分；母亲关注自己的情绪调理，尽量保持开朗乐观的心情，不自寻烦恼、不与人吵架；母亲自己适当阅读一些优美的散文诗歌，以此自娱并使自己处于欣赏美的情绪状态；家人尽可能创造快乐宁静的家庭氛围，使母亲心情恬静、愉快；母亲尽可能注意天气冷暖，保证自己气血调和；等等。间接效果胎教的要点是为胎宝宝创造全面、和谐、愉悦的良好的内部和外部生存环境。

Tips 小贴士

无论是直接胎教还是间接胎教，最终目的只有一个，就是为胎宝宝的成长创造更好的内部、外部条件，使胎宝宝接受更多的良性刺激，从整体上提高胎宝宝的身体和智力素质。

环境胎教

胎宝宝能否正常生长发育，除与遗传因素有关外，还与妊娠期母体的内、外环境有密切关系。环境胎教是指为确保胎宝宝健康的生长发育，优化母体的内、外环境，包括准妈妈的身体健康和心理健康。高质量的精子和卵子是优生的前提条件，因此，环境胎教从孕前就应该开始实施。在备孕期间，夫妻双方应改变不良生活习惯，将身体调整到最佳状态，远离有毒有害物质，这些都是环境胎教的重要内容。怀孕后要注意按时产检，预防疾病；远离有毒有害的工作环境和生活环境，少去人多拥挤的地方；日常起居要有规律，要注意身体的清洁；选择适宜的运动方式，坚持身体锻炼。

准妈妈沉浸在美好的想象之中，格外珍惜腹中的宝宝，以其博大的母爱关注着宝宝的变化。胎宝宝通过感官得到的是健康的、积极的、乐观的信息，这就是最好的胎教。

情绪胎教

国外专家经研究发现，婴儿出生时往往就已具有明显的性格特征，那些具有胆小、忧郁内向、暴躁、情绪不稳定性格特点的婴儿，往往与其母亲在怀孕时经历过恐惧惊吓、情绪不安、经常与人争吵等场面有关。如在第二次世界大战后出生的不少孩子有心理、情绪上的问题，与其母亲怀孕时经历了战争场面的惊吓和流离失所的生活有关；不少孩子所具有的孤僻、反社会倾向、暴躁等心理问题与母亲怀孕时经历父母争吵、离异的境况有关。美国著名教育家、心理医生罗宾·K.赖斯在其《育婴室里的幽灵》一书中就介绍了十几位专家经过调查发现的一个事实，即许多因少年暴力而被收容的孩子，他们的家庭环境、父母的个性脾气、他们在胎宝宝时期和幼儿时期的经历都有十分相似的地方，由此专家们得出了这样的结论：胎儿期如果大脑经常受到频繁的、有害的、暴力性的刺激，或生长在有暴力氛围的环境中，孩子长大后也就容易有暴力倾向。

中国的古人强调孕妇要在生活起居、为人处世方面保持端正的心态和姿势，也是关注到了母亲气血是否通畅和端正对孩子品格、情绪及智慧上会有很大影响这一点。一位整日心情愉悦安定、不时对胎宝宝进行充满爱意的抚摩和对话、不时静听优美的音乐、不时阅读精美诗歌散文、适当劳动并散步、起居有规律、关注给胎宝宝提供全面和更好营养的孕妇，与一位整日处于不安定的生活之中、内心充满了忧愁和失望、对人对生活充满了仇恨、不时与人为琐事争吵、精神懒惰懈怠、起居无规律、饮食无节制的孕妇，她们生出的孩子必定会在智力、能力等天赋素质和个性气质上存在极大差异，这一点是毋庸置疑的。所以关注广义上的胎宝宝教育，对整体提高胎宝宝素质、培养胎宝宝良好的先天禀赋、性格，无疑会是很有意义的。

● 运动胎教

我们知道，对普通人来说，运动可以增强肺活量、疏通经络、促进血液循环、提高免疫力、改善人的精神状态，从而达到防病健身、延年益寿的目的。准妈妈气血正，又有活力，胎宝宝就会得到充足的营养、得以顺利地生长，并且能有助于促进胎宝宝大脑细胞的发育和增强反应能力。准妈妈适当的运动对自己的身体也大有好处，可以减少患感冒和其他疾病的机会，有利于身体更快、更好地调适，从而减少怀孕带来的不舒服。户外活动还可以使准妈妈获得必要的新鲜空气。另外，多活动还可以增加准妈妈子宫、腰部、腿部等处肌肉的弹性和耐受能力，有利于减少难产实现顺利分娩，也有利于产妇产后身体的保健和迅速恢复。劳动多、活动多的准妈妈分娩容易，这是民间早已关注到的不争的事实。

现在我们的物质生活提高了，出门有车，在家有洗衣机、煤气灶，在单位干活儿有各种全自动机器，不少人甚至连坐公共汽车也觉得累，不是“打的”就是自己开车，基本活动量已经大大减少。按中医的理论来说，这种生活容易造成“气雍（壅）”，也就是容易使身体内的气血流动不畅，而中医又认为“不通则病”“气雍（壅）为病”，这是致病的主要原因。这种情况对准妈妈和胎宝宝是否有利，每位准父母都是可以想到的。所以，现代人的生活更应该关注运动、关注锻炼，准妈妈也不能例外。

有些准父母一定听说过民间说到的准妈妈活动禁忌，如不能跳绳、不能跑步、不能双手举高、不能持重等，因为这样的活动可能会引起胎宝宝流产或准妈妈阴道出血。那么准妈妈该如何锻炼才能保证母子得益、又不致影响胎宝宝健康呢？以下几种运动方式是比较适合准妈妈的。

1.散步

散步是最适合准妈妈的运动。早晨在林间散步，林间空气清新，可改善和调节大脑皮层及中枢神经系统的功能，还能增加抵抗力，有防病保健之功效，更有利于胎宝宝的发育；饭后散步有利于减少准妈妈腹中积食，有利于消化，也有利于保持气血畅通、提高睡眠质量。散步时准妈妈可以聊天、欣赏美景，心情比较放松、愉悦。

2.太极拳

打太极拳要求人的精神处于放松和虚灵的状态，动作柔和，气脉连贯，又比较轻松，没有突兀和剧烈的动作，追求身体内气血的和畅融通，很适合准妈妈。

3.简易气功和瑜伽

准妈妈躺着和坐着时可以做做简单的气功：先暗示自己全身放松，要一个部位一个部位地放松；然后柔和地开始深吸气，再慢慢地、细细地、自然地呼气，呼吸时尽可能让内心处于愉悦状态。这对调节体内血液循环、放松机体、解除疲劳很有帮助。准妈妈容易出现腰酸等不适，可将注意力放在腰部暗示自己放松腰部，再进行上述的吸气和呼气，可以减轻腰酸。

瑜伽功的练习以冥想和放松为主，身体的动作练习要注意适度，有些动作不适合准妈妈，要坚决避免。

4.适度的家务劳动

“劳动是最好的医生”，这是当年流行在欧洲的一句名言，适当的体能劳动能使人气血和畅、经络疏通、精神愉快，显然对准妈妈也是一种很好的活动。准妈妈在家里做做卫生，步行去买点菜，织织毛衣；在农村仍可参加不重的田间劳动。手脚老在活动，筋骨会更有活力、更结实，身体会更好，胎宝宝也会从中得益。实践证明，活动较多的母亲生的孩子远比不活动或少活动的母亲生的孩子有活力、健康。民间观察发现，原先的大户人家的准妈妈由于经济条件好，无须自己从事体力劳动，结果难产比率较高，她们的后代懒散、肥胖、没出息的也比较多。

现在的情况是，娇生惯养的准妈妈较多，许多独生子女家庭的女孩子也到了结婚生子的年龄，其中有些显得很娇气，一怀孕就什么活儿都不敢干、不愿干了，动不动嚷嚷着不舒服就躺在床上，动不动觉得累就要坐着休息，动不动就要人伺候自己。对此，我们的建议是，最好适当参加一些家务劳动，适当承担一些生活重担，这不会害你，只会对你有好处。

5.随意操

坐办公室或在家坐着看电视时，可以抬脚或扭扭脚脖子，甩甩胳膊或转转肩部与肘部，平举胳膊上下活动手腕，扭扭脖子、转转脑袋等，以活动筋骨、减少疲劳；或者按摩按摩头部、颈部、肩部、腰部，以舒舒筋骨，放松肌肉。

6.产前操

国外出现一些专门为产妇分娩做准备而设计的操。我国专家对有些动作有保留意见，但有些还是可取的，有利于分娩时盆骨打开及加强下腹部肌肉收缩的力量。

16 胎教再好也要适度

有的准妈妈对胎教期望过高、心太切，结果适得其反。如有的准妈妈长时间将耳机放在腹部，使胎宝宝很烦躁，胎宝宝生下以后，变得十分神经质，以致对语言有一种反感和敌视态度；有的准妈妈没完没了地听音乐，连准妈妈本人都感到疲惫不堪，更不要说胎宝宝的感觉了；还有的人一个劲儿地抚摩胎宝宝，搅得胎宝宝烦躁不安。养胎的每项内容都会使胎宝宝受益，但如果不能适度实施，恐怕胎宝宝不但不能获益，还会影响胎宝宝的身心健康。

Tips 小贴士

胎宝宝的自然需求是身体的生长发育，这是最基本的，不能受到太多的打扰。胎宝宝太稚嫩、太脆弱，他醒来时需要有自在的活动，睡着时需要有安宁的环境，这两点必须首先给予满足，否则就会影响胎宝宝的身体健康，而没有健康，胎教就会失去意义。

科学胎教–延展阅读

17 胎教，准爸爸一起来

十月怀胎，胎宝宝与准妈妈血脉相连、心心相印，准妈妈对胎宝宝进行胎教有效果是大家很容易认同的观点。但父亲除了贡献良好、健康的精子以外，还能对胎宝宝起什么影响作用吗？答案是肯定的。研究者发现，准爸爸深沉、浑厚的声音，尤其是带磁性的声音，对胎宝宝来说是很悦耳、很舒服的声音。专家从科学仪器上发现，准爸爸如果经常用柔和的声音对胎宝宝说话，胎宝宝会对准爸爸的声音有很强的辨别力，每当听到准爸爸的声音便会显出舒服、满意的神情，或显得安静，甚至露出微笑。如果准爸爸发火，发出过于暴躁的声音，胎宝宝就会显出皱眉、手脚不舒服地舞动、不安等烦躁的神情和动作。

● 准爸爸与胎宝宝血脉也相连

准爸爸与胎宝宝毕竟也是血脉相连的，国外有位育儿专家说得非常好："胎宝宝的脐带与父亲也是相连的！"所以，如果能关注这一点，经常对胎宝宝说说话、进行边抚摩边说话或边哼唱的准爸爸胎教，对培养和健全胎宝宝的优良个性、保护胎宝宝的健康、提高胎宝宝的智力都会有不可估量的作用。

现在不少国家的育儿专家在进行让准爸爸参与胎教的研究和尝试，如安排一个周密的胎教计划，每日保证准妈妈、准爸爸都各有1～2次与胎宝宝对话、为胎宝宝朗读或轻轻哼唱的机会；或者利用外出郊游、晚上睡觉前等机会，让准父母抽10～15分钟，与胎宝宝进行“三人”交谈和倾诉亲情活动，这对胎宝宝的成长都是大有好处的。在这一过程当中，胎宝宝不是完全被动的，它完全能感觉到三人之间的美好感情，并会有主动参与的表现，比如挥舞手脚、露出微笑等兴奋表情，会变得活跃等表现。

● 准爸爸胎教，宝宝更聪明

胎教一般针对准妈妈而言，常忽视了准爸爸的作用。专家指出，从某种意义上说，要想生出聪明健康的小宝宝，在很大程度上取决于准爸爸是否参与教养。

准妈妈的情绪对胎宝宝发育影响很大。妻子怀孕后，在精神、心理、生理、体力和体态上都将发生很大变化。如果准妈妈在妊娠期情绪低落、高度不安，孩子出生后即使没有畸形，也会发生喂养困难、智力低下、个性怪癖、容易激动和活动过度等问题。所以，在胎教过程中，丈夫应要加倍关爱妻子，让妻子多体会家庭的温暖，避免妻子产生愤怒、惊吓、恐惧、忧伤、焦虑等不良情绪，保持心情愉快、精力充沛。此外，丈夫应积极支持妻子为胎教而做的种种努力，主动参与胎教过程，陪同妻子一起和胎宝宝“玩耍”，给胎宝宝讲故事，或描述每天工作和生活中的收获，让胎宝宝熟悉父亲低沉而有力的声音，从而产生安定感和信赖感。另外，丈夫还应主动承担家务，搞好室内外卫生，防止感染疾病，戒烟忌酒，节制房事，协助妻子做好保健，避免她和自身患感冒等。

胎教实践篇

40周胎教全程指导，妈妈和宝宝共同成长

怀孕1个月
胎教要点

怀孕的第1个月由于没有任何反应，很多准妈妈并不知道自己怀孕是从什么时候开始的，而新生命就是在不知不觉中迅速成长发育起来的。第1个月，胎儿的成长速度比他一生中任何时候都快，而且胚胎各器官都在这一时期内开始发育，是胎儿生长发育的决定性阶段，是最为重要的阶段，也很容易受到外界因素的影响而导致出现畸形。

因此，父母一定要注意安排好妊娠第1个月的日常生活，如加强营养和锻炼，保持良好的情绪，避免药物、疾病、辐射等外来因素对自身和胎儿的侵害。丈夫在保证自己的良好状态的同时，还要多关心体贴妻子，为胎儿的健康发育创造良好的生存环境。

妊娠第1个月的胎教内容主要是环境胎教和音乐胎教，此时胎儿还不具备听的能力，是通过准妈妈的感知传递给胎儿的。

第1周 胎教计划

胎宝宝尚不存在

此时的宝宝尚不存在，还只能以精子和卵子的“前体”状态分别存在于爸爸、妈妈体内。

准妈妈处于备孕阶段

怀孕第1周，实际上只是准妈妈的月经周期进入第1周，还处于怀孕前的准备阶段。

实施了胎教的胎儿出生后的特点

接受过音乐、美育、语言、抚摩、体操、饮食、环境等胎教的婴儿，出生后24小时内对他们进行智能评测，这些新生儿突出的特点是：在情绪和社会交往能力上，表现为情绪比较稳定；啼哭时给予安慰，婴儿马上哭声减小，多数停止哭泣，并且追寻声源；吃奶后入睡快，清醒时目光透着聪慧，亮而有神；小手的伸张抓握能力强，四肢活动有力，肌力强，抚摩一下肢体，婴儿立即高兴地挥动四肢；扶坐时颈部肌张力强，俯卧抬头，吸手能力好；对音乐特别敏感，一放胎教音乐就不哭了。

出生后继续坚持感觉教育，这些婴幼儿将具有以下特点：

（1）音乐敏感，有音乐天赋，一听见胎教音乐，则表现得非常高兴，并随韵律和节奏扭动身体；

（2）心理行为健康，情绪稳定，总是笑盈盈的，非常活泼可爱，夜里能睡大觉，很少哭闹；

（3）语言发展快，说话早，有的孩子2～3个月就能发a、u、ba、ma的音，有的半岁会发“爸、妈、爷、奶、姨”的音，1岁会说2～4个字的词句；

（4）大运动能力发展优秀，抬头、翻身、坐、爬、站早，动作敏捷、协调，走路也较早；

（5）手的精细运动能力发展良好，手抓握、拿、取、拍、打、摇、对击、捏、扣、穿、套、绘画等能力强；

（6）学习兴趣高，喜欢听儿歌、故事，喜欢看书、看字，不少孩子还不会说话，就拿书要妈妈讲，学习汉字的能力惊人，智能得到超常发展。

总之，孩子天生都是聪明的，个个都是学习的“天才”，只要放手并给孩子创造一个良好的教育环境，即丰富的信息环境，在生活中开展全方位的感觉教育，每个孩子都可以得到超常发展，而且将会健康、聪明、快乐。

● 胎教的合理安排

孕期可分为妊娠早期、妊娠中期和妊娠晚期3个时期，父母要了解这3个时期胎儿的变化特点，并根据这些特点来合理地安排各期的胎教。

妊娠早期是胎教的开始时期，此期可对胎儿进行一些简单的刺激。妊娠中期，胎儿的各器官开始迅速发育，是胎教的最佳时期，也是关键时期，可对胎儿的触觉、听觉、视觉等进行训练。妊娠晚期，胎儿的各器官已发育成熟，是胎教的巩固时期。

对孕期进行的各种胎教训练，准父母均应详细地记录下来，经过一段训练后，总结一下胎儿对某种刺激是否建立起特定的反应，这将有助于了解胎儿的发育情况，也有助于更加合理地进行胎教。

胎教计划－延展阅读

Tips 小贴士

在对胎儿进行胎教的过程中，要积极调动胎儿的综合素质，从多方面对胎儿进行训练和培养，如对胎儿进行习惯培养、性格培养、行为培养，对胎儿进行记忆训练和美感熏陶等，使其得到全面的发展。

● 情绪胎教：夫妻恩爱，宝宝聪明

专家在性实验室里发现，男方在双方都达到性高潮时射精，精子的活力旺盛，精液中的营养物质及激素充足，有利于精子及早抵达卵子的所在地，可减少阴道酸性环境的杀伤力；而女性处于性高潮时，体内激素分泌旺盛，卵子生命力强，宫颈由于性的兴奋而分泌多量的碱性分泌液，可中和阴道的酸性浓度以降低对精子的杀伤力，同时也使精子在通过子宫颈时得到碱性液的保驾护航，到达子宫腔后又获得能量，提高运行力，并使其穿入卵子的能力更强。女性在性高潮时出现阴道及子宫的收缩和宫腔内的负压现象，有帮助精液或精子向前推进的作用，使精子爬行的时间及路程大大缩短。平时坚硬闭锁的子宫颈口也松弛张开，使精子容易进入。数千万个精子经过激烈竞争，强壮而优秀的精子与卵子结合，从而孕育出高素质的后代。

感情融洽是幸福家庭的前提，也是优生和胎教的重要因素。在幸福和谐的家庭中，胎宝宝愉快地生长发育，出生后孩子往往健康聪明。如果夫妻不和睦，准妈妈长期紧张、忧愁、抑郁，那么大脑皮层的高级神经中枢活动就会受到障碍，并直接影响胎宝宝。准爸妈激烈争吵时，母体受刺激后内分泌发生变化，随之分泌出一些有害激素，通过生理传递途径被胎宝宝接收。同时，准妈妈的盛怒可以导致血管收缩，血流加快、加强，其物理振动传到子宫也会殃及胎宝宝。因此，妊娠期间夫妻双方应互相尊重，互相理解，耐心倾听对方的意见，理智地、心平气和地对待彼此间的分歧。

做丈夫的，吃了妻子做的早餐后多说几句赞美的话；出门上班前给妻子一个温情的道别；妻子换了衣服说一句“很漂亮”“好看”；晚上回家前先打个电话问候一下妻子；尽量不要晚归，如果必须晚归，最好打个电话与妻子说一声，并道明原因，不要无端让妻子等待并瞎猜；晚饭后少看电视，多帮妻子干点儿家务，或多与妻子说说工作上的事或白天所见的趣事；上床前先与妻子多温存一会儿；妻子发脾气时不要与她顶着来，多找找原因，尽可能安抚她的情绪，尽可能去理解她。妻子怀了孕，多给她买些好吃、爱吃的食品，多了解她的需求，不时听听胎心、摸摸胎动；妻子呕吐、心情不好时多说些逗她的笑话，努力从生活的方方面面给妻子创造一些乐趣。这一切都能给妻子带来好心情，对胎宝宝会很有益。

作为妻子，早晨可以为丈夫准备好一双干净的袜子；丈夫出门时给个温柔的微笑和一句道别的话；晚上丈夫回来时多与他聊聊单位的有趣事；别埋头干活儿，与丈夫一起看一会儿电视；要理解男人也有难处，也有烦恼，遇事多给丈夫谅解、关心，主动帮他排忧解难，不要一味要丈夫给予自己关怀和爱护、处处娇惯自己；感觉不舒服时，不要埋怨丈夫或总是撒娇撒泼；丈夫也刚学会生活，不要一味让他照顾；周末争取安排一次与丈夫共同外出上公园或郊游活动；做胎教时尽可能动员丈夫一块参与，努力建立共同从日常生活和育儿中找乐趣的习惯。这一切都能给丈夫带来好心情，一人情绪好，全家情绪就能好，生活的烦恼自然会烟消云散。在这样的家庭气氛中孕育成长，胎宝宝肯定会是健康聪明的。

第2周 胎教计划

● “胎宝宝”只是一枚卵子

它（指卵子）已经在准妈妈的体内经历了第一轮的“淘汰赛”，从近20名“选手”中脱颖而出了。

● 准妈妈处于排卵期

怀孕第2周，实际上是准妈妈的月经周期进入第2周。此时，准妈妈的身体正在很隐秘地发生变化，卵巢准备排卵以接受精子的到来。有妊娠准备的准妈妈，要注意调整饮食、锻炼、生活习惯，以最佳的状态迎接小宝宝。

● 丈夫应配合妻子做好胎教

从受孕的那天起，夫妻便成为准爸爸、准妈妈了，胎教应由夫妻双方共同进行。由于丈夫是妻子最亲密的人，丈夫的言行举止，不仅影响着妻子的情绪，也影响着腹中胎儿的健康发育。因此，丈夫在胎教过程中起着重要的作用。

丈夫应配合妻子在胎教中做好以下几件事：

1.帮助妻子消除紧张心理，安定情绪

妊娠将给妻子带来生理和心理上的变化，情绪容易波动。丈夫无论工作多忙，都要关心体贴怀孕的妻子，将妻子从忐忑不安的心理状态中解脱出来，使妻子感到幸福快乐。丈夫要主动承担家务，避免妻子从事较重的家务劳动，保证妻子有充分的休息和睡眠。

2.创造良好的胎教环境

应安排妻子远离噪声和污染的环境，多陪妻子去环境优美、空气新鲜的地方散步或度假。帮助妻子丰富精神文化生活，一起欣赏品味高雅的文化艺术作品，一起欣赏优美的音乐，还可以随舞曲轻缓地起舞等，以达到愉悦心情、稳定情绪的目的。避免妻子受惊吓、悲伤和忧虑。不要看凶杀、暴力和色情等刺激性的电影与电视节目。

3.学会数胎动

听胎心音数胎动和听胎心音可以监测胎儿安危。学会测子宫底高度、腹围，了解胎儿发育状况。

4.临产前后丈夫的责任

帮助妻子消除对分娩的担忧，了解有关分娩的知识，争取自然分娩；准备好住院用品，了解好入院手续的办理；临产后陪妻子度过分娩期；产后协助妻子做好母乳喂养和新生儿喂养；婴儿出生后抓紧时机继续进行教育。

● 环境胎教：保证胎宝宝健康发育

环境胎教是指在准备受孕前6个月就开始学习环境卫生知识，以利于优境养胎。妊娠过程中胎儿能否正常生长发育，除了与父母的遗传基因、孕育准备、营养因素有关外，还与孕妇在妊娠期间的内、外环境有着密切的联

系。尤其在早孕8周内，胚胎从外表到内脏、从头到四肢都在此期形成，加上胚胎幼稚，不具备解毒功能，极易受到伤害，所以孕期最初3个月是胎儿会否畸变的关键时期。为了保证胎儿的健康发育和成长，准妈妈应尽量避免不利于胎儿成长的环境因素，如污染与噪声、放射线伤害、职业与嗜好的不良刺激、夫妻体弱患病受精、多次堕胎或流产后受精、不洁的性生活引起的胎儿宫内感染等。

● 情绪胎教：心平气和，宁静养胎

从怀孕之日起，每个准妈妈已经自觉或不自觉地开始了胎教，即夫妇双方（尤其是准妈妈）的情绪、对新生命的渴望、对饮食和起居的安排与调整。准妈妈一定要保持良好的情绪，才有利于胎儿的健康发育。

准妈妈的情绪与胎儿的发育有着极为密切的关系。胎儿随着母亲情绪的变化能做出相应的反应。如果准妈妈在妊娠早期处于极度忧虑之中，会影响母体血红蛋白的含量和胎儿的体重；如果母体和胎儿血液内的碳氧血红蛋白增高，血液黏稠度增加，可引起胎儿缺氧，造成胎盘的血液循环不良，致使胎儿在宫内生长迟缓，不能正常发育，出生后体重轻，而且智力也容易有缺陷；还可能导致胎儿脑积水或腭裂、唇裂等发育畸形。如果准妈妈在孕期经受长期情绪压力，导致胎动次数比正常多数倍，胎儿出生后不但体重轻，而且消化功能失调，喜欢哭闹，不爱睡觉，易受惊吓，此类孩子长大后，往往对环境适应性差。

对准妈妈来讲，第1个月的胎教重点就是使自己的身心更加愉快安宁，使胎儿不受母体不良因素的影响而发生胎病。要做到身心安宁，首先就要做到“无悲哀思虑惊动”。宝宝孕育在妈妈的身体里，最早接触的声音就是妈妈的心跳，从妈妈心跳的频率中，胎儿能直接感受到妈妈的喜怒哀乐的情绪变化。所以，控制好自己的情绪，保持心境的平和宁静是准妈妈进行胎教的第一步。

为此，准妈妈平时遇事需冷静，并要始终保持乐观稳定的情绪，不为七情六欲所伤。在所有不良情绪中，特别要注意消除恼怒的情绪，不要动不动就大动肝火，怒火中烧，这样会导致气血不顺，气不顺则胎不安，惊扰了“胎气”会影响胎儿的智力发育，甚至可能造成胎儿痴呆。古语有云，“宁静即是胎教”，只有摒弃抑郁、悲伤、愤怒和烦恼，尽力让心静于内、虑谧于中，才能使自己气血通畅，胎气调固，胎儿在母体中的生长发育也更加健康。

要做到平和心神、宁静养胎，准妈妈首先应当调节饮食起居，养成规律健康的生活节奏。平时应该早睡早起，三餐定时，保持身心的愉悦。此外，为了防止外界有害的刺激引起情绪不安和恐惧，最好不要去接触那些不好看的形象或者不好听的声音，而应多接近一些优美的事物，赏心悦目之下“外像而内感”，使秀气入胎。平时也可以适当地参加一些有益的文体活动，培养自己多方面的兴趣和爱好，无论是琴棋书画、诗歌经史，抑或是运动出游，只要是真善美的，都能陶冶性情、改善情绪，起到安心安神的作用。

Tips 小贴士

除了准妈妈的个人情绪调整以外，还可以按照胎儿感觉功能发育的顺序，给予胎儿适当超前的良性感官刺激，如用轻柔的手法按摩下腹部，或在摇椅中轻轻摇动，通过羊水的震荡给予胎儿压、触觉的刺激，以促进胎儿神经系统的发育，但要注意切勿使用暴力或过于强烈的刺激。

第3周 胎教计划

● 精子和卵子形成受精卵

大约在这个月的月中，精子和卵子在输卵管相遇并形成受精卵，受精卵的形成标志着新生命的开始。胎宝宝的性别在受孕的那一刻就已决定，其他遗传性质，如肤色、发色、成年后的身高、单眼皮或双眼皮等，也已经因为遗传因子中的遗传信息而被确定下来。

在接下来的两三天里，受精卵会一边穿过输卵管，一边进行细胞分裂。受孕4天后，受精卵进入“桑葚胚”阶段，并且很快就会含有25～30个细胞。这些细胞有些会发育成为胎宝宝，有些会演变成胎盘。受孕5天后，受精卵上会出现一个洞，此后的桑葚胚被称为“胚泡”，含有70～100个细胞。这时，最初的原始神经细胞已经形成，这些细胞控制着胎宝宝的身体功能，提供意识的雏形。通过这些神经细胞，大脑和意识最终会被建立。

● 准妈妈还不知道自己怀孕

此时大部分准妈妈都没有自觉症状，少部分人会出现类似感冒的症状，如身体疲劳、发热、畏寒等。这时，母体的子宫和乳房的大小、形态还不看出有什么变化，和没怀孕时差不多，子宫约有鸡蛋那么大。由于没有妊娠的自觉症状，大部分准妈妈不知道自己已经怀孕，所以希望已婚育龄妇女注意观察自己的身体状况，一旦发现有怀孕的征兆，就不要随便吃药、不要轻易接受X线检查，更不要进行剧烈的体育活动。

孕期胎教安排

1.胎教的开始时期

这个时期胎教的内容，主要是准妈妈的自我情绪调整和人为地对感官进行刺激两方面。

但这时往往是早孕反应最严重的时候，妊娠反应如恶心、呕吐、乏力、食欲不振等，往往影响准妈妈的心情、情感与心理平衡，表现出烦躁、易怒或易激动、抱怨等情绪。准妈妈的情绪可以通过内分泌的改变影响胎儿的发育。准妈妈在怀孕早期的不愉快心情，往往可以借助母子沟通的方式而影响胚胎，这种情形非常不利于胚胎早期健康的形成，不利于胎儿的身心健康和发育。因此，怀孕早期保持健康而愉快的心情是这一时期胎教的关键。

2.胎教的最佳时期

怀孕到第12～16周时，胎儿的中枢神经系统已经分化完成，胎儿的听力和视力开始迅速发育，并逐渐对外界施加的压力、动作、声音做出相应的反应，尤其对母体的血液流动声、心音、肠蠕动声等更为熟悉。胎儿会出现第一次胎动，此时，胎儿对来自外界的声音、光线、触动等单一刺激反应更为敏感。在此前后，科学、适度地给予早期人为干预，可以使胎儿各感觉器官在众多的良性信号刺激下，功能发育得更加完善，还能起到发掘胎儿心理潜能的积极作用，为出生后的早期教育奠定良好的基础。因此，怀孕中期正是开展胎教的最佳时期。

这一时期的胎教内容主要是针对胎儿的各个感觉器官进行的，如触觉、听觉、视觉等。

（1）触觉训练

婴幼儿的天性是需要爱抚，胎儿受到母亲双手轻轻的抚摩之后，会引起一定的条件反射，从而激发胎儿活动的积极性，形成良好的触觉刺激，通过反射性躯体蠕动，以促进大脑功能的协调发育。

怀孕24周以后，可以在腹部明显地触摸到胎儿的头、背和肢体。每晚睡觉前准妈妈先排空膀胱，平卧床上，放松腹部，用双手由上至下，从右向左，轻轻地抚摩胎儿，就像在抚摩出生后的婴儿那样。还可以轻轻拍打腹部，与胎儿在宫内的活动相呼应、相配合，使胎儿对此有所感觉，在“子宫内散步”，做“宫内体操”，每次持续5分钟～10分钟。这样反复地锻炼，可以使胎儿建立起有效的条件反射，并增强肢体肌肉的力量。经过锻炼的胎儿出生后，肢体的肌肉强健，抬头、翻身、坐、爬、行走等动作都比较早。但应注意抚摩的动作要轻柔，切忌粗暴。一旦胎儿出现不安的情绪时，应立即停止刺激，以免发生意外。

（2）听觉训练

此阶段胎儿的听神经与听觉系统迅速发展，准妈妈可以很好地利用这一段时间，有意识地对胎儿进行相应的听觉训练。听觉训练主要有音乐胎教法和对话胎教法两种。

音乐胎教法主要是通过音波刺激胎儿听觉器官的神经功能，从而促进胎儿大脑皮层功能的发育。从第16周起，在晚上临睡前进行比较合适，选择在胎儿觉醒有胎动时进行，每次15分钟～20分钟。胎教音乐的节奏宜平缓流畅，不带歌词，乐曲的情调应温柔甜美，但要注意千万不能把音响直接放在腹壁上给胎儿听，音响应距离腹部1米左右，音响强度在65分贝～70分贝为宜。也可使用胎教传声器，直接放在腹壁胎儿头部的相应部位，音量的大小可以根据成人隔着手掌听到传声器中的音响强度，即相当于胎儿在子宫内所能听到的音响强度来调试。腹壁厚的孕妇，音量可以稍大一些；腹壁薄的孕妇，音量应适当小一些。在胎儿收听音乐的同时，准妈妈也应通过耳机听自己喜爱的各种乐曲，并随着音乐表现的内容进行情景的联想，力求达到心旷神怡的意境，借以调整心态，增强胎教效果。

对话胎教法是把胎儿作为一个听众，通过与他聊天、讲故事、朗诵诗歌等方法来刺激胎儿的听觉器官，促进胎儿大脑的发育。怀孕20周，胎儿的听觉功能已经完全建立，母亲的说话声不但可以传递给胎儿，而且胸腔的振动对胎儿也有一定影响，因此，准妈妈要特别注意自己说话的音调、语气和用词，以便给胎儿一个良好的刺激印记。另外，父亲的男性低音是比较容易传入子宫内的，是一种良性的音波刺激，不仅能增强夫妻间的感情，还能把父母的爱传递给胎儿，对胎儿的情感发育具有莫大益处。对话的内容不宜太复杂，最好在一段时间内重复一两句话，以便使胎儿大脑皮层产生深刻的记忆。

（3）视觉的训练

由于胎儿在子宫中，好似生活在一个黑暗的环境里，所以胎儿的视觉较其他感觉功能发育缓慢。

怀孕27周以后，胎儿的大脑才能感知外界的视觉刺激。怀孕30周以前，胎儿还不能凝视光源，直到怀孕36周，胎儿对光照刺激才能产生应答反应。因此，从怀孕24周开始，每天定时在胎儿觉醒时用手电筒（弱光）作为光源，照射腹壁胎头方向，每次5分钟左右，以刺激胎儿视觉的健康发育。但切忌强光照射，同时照射时间也不能过长。

在进行胎教的过程中，应将上述各种方法综合应用，对胎儿进行教育、训练、沟通和了解。对孕期进行的各种胎教训练，均应详细地记录下来，例如胎动的变化是增加还是减少，是大动还是小动，是肢体动还是躯干动等。经过一段训练后，即可总结出胎儿对某种刺激是否建立起特定的反应或规律，这样将有助于了解胎儿发育情况，也有助于今后更加合理地对胎儿进行胎教。

3.胎教的巩固时期

怀孕晚期，准妈妈常常动作笨拙，行动不便，许多准妈妈因此而放弃妊娠晚期的胎教训练，这样不仅影响前期训练的效果，而且影响准妈妈的身体与生产准备。因此，准妈妈在妊娠晚期最好不要轻易放弃自己的运动以及对胎儿的胎教训练。因为，适当的运动可以给胎儿躯体和前庭感觉系统自然的刺激，促进胎儿的运动平衡功能。为了巩固胎儿在怀孕早期和怀孕中期对各种刺激已形成的条件反射，怀孕晚期更应坚持各项胎教内容。

此期胎教的内容主要是继续巩固妊娠中期的各种训练。此阶段，胎儿各器官和各系统发育逐渐成熟，对外界的各种刺激反应更为积极。例如，当用光源经腹壁照射胎儿头部时，胎头可转向光照方向，并出现胎心的改变，定时定量的光照刺激是这个时期的一个胎教内容。

胎教是胎儿期教育的一种方法，是正规教育的辅助方法，具有理论依据与验证，孩子的聪明与智慧，与怀孕时的胎教有关。

Tips 小贴士

胎教的方法很多，自始至终坚持胎教对夫妇双方或孕妇都不是一件容易的事情。但有理由相信，每位计划生小孩的夫妇，都会为了自己的孩子付出爱、耐心与时间，别人能做到的事情，你们也一定能做到。

情绪胎教：学会调整自己的情绪

1.学会平易对待一切

在家里和单位里，我们每个人都会遇到不顺心、不愉快的事，遇到时多想一想，人世间的一切各有其理、各有其规律，强求不行，强扭也不行。生活原本是很平常的，无论是多么显赫的人也会有各种烦恼，也会遇到各种不幸，心情就容易平静下来。所以，平易淡泊，忧患就不会入心。这种心态遇到不顺心事时要有，没有遇到不顺心事时也要有，因为没有过分的欲望，人就可以少一些忧患不满。

怀孕期间准妈妈由于体内内分泌的变化会有不适，有时甚至会有肝火旺、想发火的冲动。现在有不少独生子女进入了生育期，由于从小受父母呵护长大，娇生惯养、不会料理生活，也不会体谅别人，自控力又差，面对婚姻和繁杂的家居生活，面对怀孕生孩子的艰辛，往往思想准备不足，委屈感特别多，遇事情绪特别容易变坏。这类准妈妈怀孕后一定要学会调整好自己的情绪，理解生活本来就是充满艰辛和繁杂的，一切只有靠自己去担当才会有乐趣、才会变得容易，千万别一时任性脾气失控，影响了胎宝宝的身心健康。

另外，现代人的生活常常会受电视广告的影响，广告天天在诱导人去追求豪华的东西、奢侈的生活，再追求更豪华的东西和更奢侈的生活，不少人由此会有非分的欲望，以为我们的生活就应该是奢华的，不那样就是生活的不公或他人的不是，于是无端地产生不满和不平等不良情绪，无形中伤害了自己，也伤害了胎宝宝。所以，准爸爸和准妈妈更要树立起平易对待生活的人生态度，以免被不适当欲望所误，忽视了给胎宝宝提供必要的情绪环境的使命。

2.学会理解他人

在家里和单位里，准妈妈也常会遇到与他人意见不相合的时候，此时最好不要固执己见，非要他人迁就自己，非要争个水落石出。我们都身处社会之中，每个人都有自己的意志，如果谁都不相让，社会及家庭都会变得可怕地难处，如果胎宝宝的父母这样做，就会给胎宝宝带来不安、不舒服的环境。所以，准父母要多从对胎宝宝的利害、多从他人的立场想问题，尽量多理解他人的意见，即使不能理解也要学会淡然处之。遇事这样想，一切就会迎刃而解，即使是棘手的问题也会变得容易解决和沟通。俗话说得好，退一步，海阔天高。学会理解他人的人，生活往往就容易、顺利得多。准妈妈从保护胎宝宝考虑，更应该心胸开阔，不与人计较，尽可能避免争议和动肝火。

夫妻之间因为生活和工作的辛苦往往也会有不少摩擦，相互间一定要学会体谅。有些娇惯的准妈妈会因为怀孕而需要丈夫的无条件迁就，不这样就觉得委屈，其实这样的情绪对胎宝宝也是不利的。怀孕有不适，固然需要丈夫更多的关切、体谅和生活上的帮助，准妈妈自己也要多自持，多理解丈夫的不易和辛苦，并从为胎宝宝的角度出发，努力调整好情绪。善于理解他人、心胸宽阔会使准妈妈自身更有舒适感，因为这样能使你的气血更为畅通，从而有利于健康。

妻子怀了孕，当丈夫的自然应该多给妻子一些关心和体贴，平时适当减少一些社交活动和外部工作，少看一些足球，少做一些纯个人的事，工作后少晚归，多给妻子一些相处和共同娱乐的时间，细心帮助妻子解决一些生活小问题，有时间带妻子出去散散心、呼吸新鲜空气，尽可能维护好妻子的情绪和心态，使她有幸福感和愉悦感。这对你们未来的宝宝是大有益处的，因为家庭和睦、妻子幸福，胎宝宝一定健康活泼聪明。

3.学会营建积极的家庭气氛

平常而繁杂的家庭生活，如果夫妻能用积极的态度去对待，可能会变得很有滋味，这不仅能给每个家庭成员带来好心情，还有益于每个人的健康，这对胎宝宝当然也是极有益的。许多事是有趣还是平淡，关键是看你怎么去看待。准父母要学会从平常的生活事件中发现乐趣，比如剥毛豆，有人认为这是件烦人的费时间的事，不得已干了，心里会闷闷不乐，甚至对他人发脾气；有人却能剥得有滋有味，从中得乐；也有人会把它当成一种培养自己耐心的机会。如果你能把它看成是在从事一件艺术创作，把豆剥得干净，放到漂亮的碗里，配上别种色彩的菜丁，炒成一盘色香味俱全的惹人喜爱的菜肴，它就是一项能让人进行艺术创作、从中获得激情的活动。如果你用积极的态度去对待，日常生活的每一件小事都可以成为有乐趣的事，从这一点出发，你可以把平常的生活变得很美好，这就给胎宝宝创造了最佳生长环境。

4.妊娠期是夫妻关系变化的关键期

大多数夫妇会在他们觉得适当的时候，开始准备迎接新生命的到来，比如到了生育的年纪；有了一定的经济基础，可以给下一代比较宽松的成长环境；双方家里的老人催得紧了……毕竟有个宝宝并且和他一起成长，是生命中最富有意义的事情。况且，还有双方父母的殷切目光，这也是压力的来源之一。

很多夫妇的感受是，一旦怀孕，生活就变得和原来截然不同了。无论是夫妻关系、与父母的关系，还是社会角色的变化，都会从方方面面影响到准父母的情绪，所以不仅要做好迎接新生命到来的准备，还要学习如何为人父母。

怀孕会逐渐改变女性机体内的环境、激素水平及身体形象，准妈妈需要重新安排自己的社会角色和改变自己与家庭成员间的关系。所有这些变化都是压力的来源，直接或间接导致准妈妈产生一系列的心理变化。准妈妈如能适应并调整妊娠期心理变化，在怀孕期间有良好的夫妻关系与和睦的家庭气氛，将有利于宝宝的健康成长；反之，则会影响妊娠期母子健康，导致妊娠并发症的出现，甚至影响产后的家庭生活。准妈妈的心理状态受其心理接受能力、社会文化背景和是否为计划内妊娠等各方面因素的影响。

小贴士

妊娠对原有夫妻的感情会产生影响，可以促使和睦的夫妻关系进入到一个崭新的、更加深厚的层面上去；或者使得原有的细微摩擦被无限扩大，导致恶性循环。因此，夫妻双方要不断进行沟通和交流，以调整心态适应新的情况。

第4周 胎教计划

● 胚胎开始着床

大约在受孕后的第7天，胚胎到达子宫，并在子宫里找一个合适的位置安顿下来（通常是在子宫的上半部分）。如果胚胎是健康的，它会以极快的速度膨胀，然后在子宫黏膜内定居。与此同时，羊水开始在胚囊聚集，最终会发育成羊膜囊。在接下来的9个月里，胎宝宝都将在羊水中生活。

在胎盘发育成熟之前，胚胎通过一套循环系统获取氧气和营养（同时排出废物），这套循环系统由许多微小的管道构成，这些管道将发育中的胎宝宝和母亲的子宫内壁上的血管连接在一起。到这个月的月末，胎盘发育成熟，将接替这套循环系统为胎宝宝提供氧气和养分。

这个月的最后一周，胚胎开始从圆盘形变成倒置的梨形，并且分成了两层（外胚层和内胚层），胎宝宝的所有器官和身体的各个部分都是由这两层发育而来的。从这一周到第10周，胎宝宝所有的器官都将开始发育，有的甚至开始工作了。

● 准妈妈几乎没有怀孕症状

怀孕3周末就可以进行早孕测试了，那些敏感的准妈妈能感觉到自己身体的变化：可能会有轻微发热、全身无力等类似感冒的症状，乳房好像变大了，有轻微的胀痛感，乳晕和乳头的颜色变深，乳头非常敏感，对气味和味道会比以前敏感，有的准妈妈甚至会出现恶心想吐、消化不良等妊娠反应。

此时受精卵已然顺利地在准妈妈的子宫里安家了。准妈妈可以开始了解些产检的基本知识，为初产产检做好准备。

小贴士

少数准妈妈会在这个月的第3个周末有轻微的出血现象，这叫作“植入性出血”，可能是由于胚胎在血管密集的子宫内壁上着床造成的，不需要特殊治疗。

● 怎样正确认识胎教

目前，人们对胎教的认识还存在许多误区。有的人根本不相信胎教，认为胎儿根本就不可能接受教育。这是因为这些人还不了解胎儿的发育情况，不了解胎儿的能力。但这里所说的教育，不同于出生后的教育，主要是对胎儿六感功能的训练，即皮肤的感觉、鼻子的嗅觉、耳的听觉、眼睛的视觉、舌的味觉和躯体的运动感觉。胎教的目的，不是教胎儿唱歌、识字、算算术，而是通过各种适当、合理的信息刺激，促进胎儿各种感觉功能的发育成熟，为出生后的早期教育即感觉学习打下一个良好的基础。

还有一些人认为，经过胎教的孩子，也不一定个个都是神童。是的，这种说法不无道理。我们提倡胎教，并不是因为胎教可以培养神童，而是因为胎教可以及早地发掘个体的素质潜能，让每一个胎儿的先天遗传素质获得最优秀的发挥。如果把胎教和出生后的早期教育很好地结合起来，每个出生时正常的婴儿都可以得到理想的发展。今后人类的智能会更加优秀，会有更多的孩子达到目前人们所谓神童的程度。

也许有人会说，以前并没有搞胎教，不也照样有科学家和伟人吗？科学不是也在不断进步吗？要知道，许多科学家和伟人的成长过程中，都包含着没有被当时人们所意识到的胎教或早教过程。之所以不被认为是胎教，是因为人们对胎教的真实含义的认识有误解，实际上每位准妈妈都无时无刻不进行胎教，只有科学与否、正确与否的区别。

认识胎教–延展阅读

● 音乐胎教：把准妈妈的良好情绪传递给胎儿

怀孕3周以后，胎儿的中枢神经和心脏开始形成，虽然说怀孕初期胎儿还不能听到声音，但是已经能够感知震动了，所以可感觉到随着母亲的心情变化而变化的心脏搏动，也能够感受母亲的心情和情绪的影响。此期母亲的情绪对胎儿的发育有很大的影响，这个时期准妈妈适宜听一些轻松愉快、诙谐有趣、优美动听的音乐，可以缓解准妈妈不安的心情，在精神上得到安慰。而准妈妈的良好情绪可以传递给胎儿，从而使胎儿感受到母亲的好心情，有利于胎儿的健康成长。所以，这一时期，母亲得到的安定、休息的效果更应该受到重视，而且母亲平稳，胎儿也会有平稳的感觉。

音乐的曲调、节奏、旋律、响度的不同，对孕妇和胎儿产生的效果也不同。但最好不要听那些过于激烈的现代音乐，因为这类音乐音量较大、节奏紧张激烈、声音刺耳嘈杂，可引起胎儿躁动不安，引起神经系统的不良反应，最好选择一些柔和轻缓的音乐，如《春江花月夜》《平沙落雁》等。

● 情绪胎教：轻松应对负面情绪

随着妊娠早期激素水平的改变和随之而来的角色、责任等心理变化，刚刚升级为准妈妈的你内心越来越敏感、越来越脆弱，复杂而多变的坏情绪仿佛不可理喻的孩子，搅得你和全家人都诚惶诚恐、不得安宁。我们请专业人士梳理出孕早期容易出现的几种负面情绪，分析来源，探讨解决之道。

1.担心害怕

情绪来源：

- 曾有流产史；
- 出现不良症状和体征，比如腹痛等；
- 药物、烟酒和环境对胎宝宝的负面影响。

你该怎么办：相信宝宝的生命力！孕早期，由于胚胎和母亲的连接还不稳定，每一次轻微的腹痛和少量出血都会让准妈妈万分恐惧。生理性出血一般会在孕12周自然停止，病理性出血需要在医生指导下保胎，这些对准妈妈的内心都是极其严峻的考验。生长是每一个生命最基本、最蓬勃的力量，不会因为环境的小干扰而停下脚步。准妈妈，请相信宝宝的生命力！

2.委屈生气

情绪来源：

- 长辈对胎宝宝的关注多于对准妈妈的关注；
- 不满意丈夫的表现。

你该怎么办：心态平和，保持自己。怀孕产子既是人生神圣而重要的时刻，又是自然而正常的生理过程。准妈妈要做的就是尽量保持自然平和的心态，收获家人的关爱和照顾，并在力所能及的范围内关爱、体贴家人。要知道，付出和获得都是幸福的。请相信，你还是你。建议家人和朋友也以常态对待准妈妈，不必将她们时时处处高高供起，任何活动都对准妈妈亮红灯。

3.烦躁不安

情绪来源：

- 孕吐和其他身体不适；

- 总觉得：我自己还是孩子呢！

你该怎么办：练习心灵瑜伽。很多准妈妈在别人甚至自己眼中还是孩子呢，她们一想到将要成为妈妈，兴奋之余难免心慌意乱。加上孕早期恶心、头疼、疲倦等五花八门的不适反应，弄得这些年轻的准妈妈心情一团糟。当你感到烦躁不安时，请停下手头的事情，闭上眼睛，深呼吸，想象自己正在海滩上散步，凉风拂面，或者在清爽怡人的林荫大道中行走，让心灵练一场瑜伽。

4.压力增大

情绪来源：

- 重男轻女的思想；
- 工作和孕育的相互影响；
- 经济和生活的负担。

你该怎么办：把压力做减法和除法。压力是每个人生活中都会面临的问题，准妈妈因为其特殊的生命阶段而面临着更大的压力和考验。只要身心状态良好，孕期完全可以继续工作，但要尽量放慢生活节奏，在身体不适时请求他人帮助或对工作进行弹性调整。无论面对来自哪方面的压力，准妈妈应当避免压力不加控制地产生叠加和放大效应，要学着给压力做减法和除法。

5.忧郁情绪

情绪来源：

- 非计划怀孕；
- 夫妻关系不和睦。

你该怎么办：宝宝是你最大的成就。在准妈妈还没有做好迎接新生命的准备时，或者在夫妻双方磨合不够好、关系尚不稳定时，宝宝的不期而至会给准妈妈带来不小的情绪冲击，她们为自己、也为宝宝的未来感到迷茫和担忧。这时候请仔细体会宝宝的存在带给你的温暖与感动，你要相信，宝宝是母亲最大的成就，他会让你有勇气迈过每一个难关！

怀孕2个月
胎教要点

怀孕的第2个月，一般是发现怀孕的时期，也是开始发生早孕反应的时期。早孕反应因人而异，会在一定程度上给准妈妈带来不舒服的感觉，容易干扰情绪，进而给胎儿的生长发育造成不良的影响。因此，此期保持良好的精神状态是最重要的。

此期的胎儿已由分化前期进入分化期，是胚胎器官高度分化和形成期，极易受到外界因素的影响而导致畸形或流产，因此一定要避免接触对胎儿发育不利的因素，如药物、激素、放射线、辐射等。此期是适宜进行初诊的时期，应及早进行检查，可以及早发现疾病、并发症以及胎儿的异常，从而做到早期发现，早期治疗。

此期的胎教内容主要是音乐胎教和意念胎教，音乐可缓解准妈妈因早孕反应带来的不良情绪；意念胎教是通过母亲的意念转化渗透在胎儿的感受之中，使胎儿了解母亲的想法。

第5周 胎教计划

胚胎开始快速发育

从怀孕第5周开始，胚胎会发生快速的变化，而要实现这些变化，胚胎必须通过胎盘和母体的血流建立紧密的联系，很多胚胎却做不到这一点，流产就会随之发生。

这一阶段十分敏感，即使是最轻微的偏离计划的异常都会导致未来孩子要承受一辈子的损害或畸形。

第5周初，胚胎只有2.5毫米那么长，但他发育得很快，每天都可以长大约1毫米，在第7周的时候已经长到了1.2厘米长（测量的是头臀距长度，或称为“CRL”，也就是胚胎从头到脚的长度），就像一颗蓝莓那么大。

准妈妈出现早孕症状

因为月经没有如期而至，许多准妈妈会意识到自己可能怀孕了。早孕的症状开始出现或开始明显，早起恶心，甚至呕吐；嗅觉变得敏感，怕闻油腻味；挑食，食欲不佳；疲乏无力，头晕，嗜睡。早孕反应的个人差异性非常大，有的准妈妈喝口水都要吐，而有的没有一点儿不适的感觉。无论怎样都要把心情放轻松，焦虑、烦躁不仅会使自己感觉更糟糕，而且对胎宝宝非常不利。

音乐胎教：给胎儿美的熏陶

怀孕的第1个月，胎儿没有听的能力，只能通过母体内的波动而感受到外界的刺激。到怀孕第2个月时，胎儿的内耳已经形成，可以正式进行音乐胎教了。这一时期，准妈妈由于早孕反应的影响，需要一些镇静、舒心、促进食欲等类型的音乐，在优美的音乐声中缓解妊娠反应带来的不适，也有利于胎儿的发育。

根据准妈妈的心情和状态，选择合适的音乐听。如民族管弦乐《喜洋洋》《春天来了》等乐曲，柔和平缓，优美细致，带有诗情画意，具有镇静的作用；奥地利作曲家约翰·施特劳斯的《春之声圆舞曲》等乐曲，曲调优美酣畅，起伏跳跃，旋律轻盈优雅，可以解除准妈妈的忧郁情绪；《江南好》《春风得意》等乐曲，轻松悠扬，节奏明朗，优美动听，使人赏心悦目；《锦上添花》《矫健的步伐》以及奥地利作曲家海顿的乐曲《水上音乐》等乐曲，清丽柔美，抒情明朗，可以消除准妈妈的疲劳；《步步高》《金蛇狂舞》等这类作品，曲调激昂，引人向上，旋律婉转较快，令人精神振奋；《花好月圆》《欢乐舞曲》等乐曲，可促进准妈妈的食欲；德国音乐家勃拉姆斯的《摇篮曲》、德国浪漫派作曲家门德尔松的《仲夏夜之梦》等乐曲，旋律轻盈灵巧，美妙活泼，情调安详柔和，具有催眠的作用；此外，还可选择约翰·施特劳斯的华尔兹或古典的名曲。

情绪胎教：准爸爸的安慰很重要

怀孕早期的种种反应、不适以及对怀孕的心理负担，都会使准妈妈心情紧张，情绪波动，这对母亲和胎儿都是极为不利的。准妈妈应注意寻找安慰和支持，不要孤军作战。多与丈夫、亲友、医生等进行沟通和交流，这是舒缓情绪、放松心情、减少压力的好办法。

怀孕是夫妻双方共同的事情，丈夫有不可推卸的责任。关心体贴怀孕的妻子，营造良好的家庭环境，使妻子处于恬静、安逸的生活状态中，是丈夫应尽的义务。首先，丈夫要善于洞察妻子的心理活动，把握她在想什么、有什么心事、希望自己如何去做等，针对妻子的心理要求，做一些迎合妻子心理的事情。妻子心情不好时，丈夫应进行开导安慰，切忌惹妻子生气。其次，要加倍体贴关怀正在怀孕的妻子，创造良好的家庭氛围。另外，还要注意言谈举止。

得知妻子怀孕以后，丈夫要挤出时间多陪陪妻子，多帮助妻子干家务，以减轻其体力劳动，避免操劳过度，还要保证妻子有充分的睡眠和休息；要妥善安排好妻子的饮食，保证营养物质的摄入和平衡；保持环境的安静，在做噪声大、振动强的活动时，要尽量离妻子远些，以免吓着未出世的宝宝；在乘汽车、逛商店时，要保护妻子，避免其腹部直接受到冲撞和挤压。女性在受孕初期，由于突然的生理改变，不可避免会导致心理上相应发生一些变化，如易于烦躁、唠叨等，此时，丈夫要宽容、大度、体贴和善解人意。

妻子妊娠期间，丈夫还需要做点儿自我牺牲。在疾病流行季节，要少去公共场所；丈夫一旦得了传染病，要与妻子隔离，以免传染而危及胎儿；吸烟对胎儿危害极大，在烟雾缭绕的环境中生活的孕妇，不仅通过呼吸道吸入大量的一氧化碳，香烟中的尼古丁还能通过皮肤、胃肠道进入母体，从而祸及胎儿。国外调查资料显示，胎儿的畸形率与父亲的吸烟量成正比。为了妻子和宝宝的健康，丈夫需要做点自我牺牲，及早戒烟。

Tips 小贴士

丈夫的作用是极为重要的，丈夫经常的陪伴和对妻子的谅解、忍让、体贴、关心、劝导等，都是对妻子最大的安慰和支持。

● 情绪胎教：听听其他准妈妈怎么说

还记得怀孕那个月月经推迟了20多天还没有来，我跟老公说我可能怀孕了，一验竟然真的有了！

根据末次月经和排卵期推算，我怀上康康应该是在5月中下旬。6月1日前后，每天都觉得恶心，胃里有说不出的难受，想吃酸东西。记得有报道说，意外怀孕的女性孕吐的概率以及程度大大高于有备怀孕的女性。随着时间的推移，怀孕不到40天的时候我已经吃不下东西，人也瘦了快6斤。

因为是意外怀孕，我很担心胎宝宝的健康，因为我没有提前补充叶酸什么的，而且那个时候孩子爸爸还没戒烟，“虫子”质量肯定受影响，更何况意外漏出的少量“虫子”中万一并不是最健康的夺标怎么办？总之，我想得很多，天天提心吊胆，太焦虑了，吐得就更厉害了。

下面说说我五花八门的吐。

吃钙片吐：都说要补钙，我都能感觉到钙片在我胃里刚一化我就吐了，经常是想吐还没来得及跑到厕所，直接喷了一地。

喝水吐：喝什么都吐，牛奶必须加一点儿咖啡。虽然都说咖啡对宝宝不好，但如果不加咖啡，就会和喝水一样，甚至可以吐自己一身。白开水不能喝，喝完直接进厕所，不走肾，吐出来就是柠檬汁一样酸极了的东西，一直吐到嘴里发苦才停下。没辙，人不能不喝水啊，于是全家人就在超市把各种各样的饮料买回来试验，后来发现只能喝某品牌的无糖乌龙茶。说来也怪，这是我大学时代自习时最喜欢喝的饮料。虽然喝茶对宝宝也不好，可是没有办法，大夏天的，实在太渴了。顺便说一句，汤也不能喝，水果也不能吃。但这个乌龙茶也只是持续了两周，随后也不能喝了，我几乎到了崩溃的边缘。我实在熬不住了，去医院检查，排队3小时，医生连10句话都没和我说，还都是我主动发问，说到我剧烈呕吐的事情，他只是轻描淡写地说了句：“吐也得喝啊。”我几乎要疯掉的时候，老公载我出门兜风，偶然发现某品牌的纯净水竟然喝了不吐！我终于得救了，我还记得我第一次喝下水却没有吐的那天，我突然发现屋外竟然阳光明媚……

吃东西吐：本来喜欢吃酸的我，不知从什么时候开始酸的、甜的都不能吃了，炒菜不能放糖、醋、辣椒。最痛苦的是，无论什么原因，某种食物只要吃了吐过之后，以后就再也不能吃这种食物了，包括韭菜、西红柿、苹果、西瓜等，我感觉我快要变成熊猫了。经常是凌晨1点多，我吐了个精光后，非要吃麦当劳的板烧鸡腿堡，吃了绝对不会再吐。所以无论多晚，老公总是可怜兮兮地从被窝里爬出来去给我买，风雨无阻……

不知不觉孕吐慢慢减轻了，到底怎么减轻的我也不知道，我只知道我能大口大口吃东西了，孕吐折磨我的次数也越来越少了。

我知道，正因为怀的、生的都很辛苦，才更加珍惜上帝赐给我们的这个小天使，其实回想起来也是一种不同寻常的经历呢！

摘自《红孩子孕产育儿宝典》，本文作者：宁静月夜（网名）

第6周 胎教计划

● 胎宝宝开始有心跳了

此时胎儿在子宫内就是一小团毛茸茸的“胎囊”包裹的小东西，胚胎的整个长度能够达到0.6厘米，出现了胎盘和初级的组织器官，如心脏和大脑。

新发育的心脏肌肉细胞收缩，与相邻的细胞产生连锁反应，心脏开始跳动。胎宝宝的心跳非常快，每分钟150下，基本上是母体的2倍，用非常简单的测听仪器就可以听到。在这个阶段，心脏很大，占据了胚胎身体的大部分空间。肝脏、肺、胃和胰腺开始发育，血液循环系统变得更加复杂。

● 准妈妈的子宫开始慢慢变大

怀孕前，准妈妈的子宫像握紧的拳头那么大。怀孕6周后，子宫变得像一个葡萄柚那么大，但腹部还看不出什么明显的变化。此外，外阴变得湿润，有白色黏稠的分泌物。准妈妈要关注自己身体的变化，了解女性在孕期身体会发生的正常变化，做到既不“草木皆兵”，又能及时发现异常。

Tips 小贴士

怀孕6～10周是胚胎腭部发育的关键时期，如果准妈妈的情绪过分不安，会影响胚胎的发育并导致腭裂或唇裂。

● 意念胎教：强化理想中宝宝的形象

有些科学家认为，在母亲怀孕期间，如果经常设想孩子的形象，则这种设想的形象在某种程度上与将要出生的胎儿较相似。因为母亲与胎儿具有心理与生理上的相通，从胎教的角度来看，孕妇的想象是通过母亲意念构成胎教的重要因素，并转化渗透在胎儿的身心感受之中。同时，母亲在进行胎儿形象的构想时，会使情绪达到最佳状态，促进体内具有美容作用的激素增多，使胎儿面部器官的结构组合及皮肤的发育良好，从而塑造出理想中的胎儿。我们在日常生活中看到许多相貌平平的父母却能生出非常漂亮的孩子，这与怀孕时母亲经常强化孩子的形象是有关系的。

脑呼吸胎教是与简单的基本动作一起冥想的，即从脑运动开始。方法是，首先熟悉脑各个部位的名称和位置，闭上眼睛，在心里按次序感觉大脑、小脑、间脑的各个部位，想象脑的各个部位并叫出名字，集中意识，这样做可集中注意力，能清楚地感觉到脑的各个部位。刚开始做脑呼吸时，先在安静的气氛下简短做5分钟左右，在逐渐熟悉方法后，可增加时间。吃饭前，在身体轻快的状态下做更有效果。还可以通过脑呼吸和胎儿进行对话，想象一下肚子里的孩子，想象胎儿的各个身体部位，从内心感觉孩子，如果看超声波照片，更容易想象。在脑呼吸的同时，与胎儿对话，或写胎教日记，会使胎儿和母亲更容易进行交流。

此外，冥想、祈祷、丹田呼吸等，也是约束内心的好的胎教方法。

Tips 小贴士

怀孕的第2个月，正是胎儿各器官进行分化的关键时期，准妈妈可用意念胎教的方法使胎儿发育得更加完善，最常用的是脑呼吸。

● 音乐胎教：促进胎宝宝的情智发育

音乐是感情和心灵的语言，它能使人张开想象的翅膀。有专家指出，优美健康的音乐能改善胎盘供血的状况，促进胎宝宝发育；还可以安定准妈妈的情绪，给胎宝宝创造一个良好的内环境。

1.音乐能影响神经元的发育

脑神经元表面有一个大的分支，称为“轴突”，下面分布着很多小的分支，称为“树突”。两个神经元之间依靠轴突、树突相互接触而传递信息冲动，其接触的部位称为“突触”。研究证明，音乐可以使胎宝宝的脑神经元增多，树突稠密，突触数目增加，甚至使本无关联的脑神经元相互连通。

2.音乐能使机体保持健康

在空余时间里，准妈妈可以听听音乐，比如晨起时播放一首活泼的《布谷》、维瓦尔第的《春》，带给自己一天的好心情；夜晚入睡前听着《仲夏夜之梦》，读一读书中与乐曲相关的小品文，甜甜地入睡，会让你第二天神采奕奕。甚至还可以拿上播放器，在等人的时候、堵车的时候暂时逃到另外一个快乐的世外桃源，同时还做了音乐胎教，一举两得。

3.适合孕早期听的音乐

适合怀孕初期听的音乐有：莫扎特的《第14钢琴奏鸣曲》、海顿交响曲《四季》、莫扎特的《第21钢琴协奏曲》和第二乐章《土耳其进行曲》、亨德尔的《竖琴协奏曲》第一乐章、舒曼《童年情景》中的第一首《陌生的国家和人民》和《第二交响曲》第三乐章。本月推荐曲目《布谷》《春》《仲夏夜之梦》，这几首乐曲旋律优美，可以释放准妈妈沉重的精神压力，感受那份轻松而喜悦的心境。

小贴士

有益的声音能带来有益的刺激，它通过听觉中枢传导系统作用于大脑，引起神经细胞的兴奋，改变下丘脑神经递质的释放，从而调节内分泌系统及自主神经系统的活动，促使人体分泌一些有益健康的激素、酶、乙酰胆碱等，使机体保持健康状态。

● 美育胎教：欣赏古曲《渔舟唱晚》

《渔舟唱晚》是20世纪30年代以来，在中国流传最广、影响最大的一首古筝独奏曲。乐曲描绘了夕阳映照万顷碧波，渔民悠然自得，渔船随波渐远的优美景象。这首乐曲取自唐代诗人王勃《滕王阁序》中“渔舟唱晚，响穷彭蠡之滨”的诗句。乐曲开始，以优美典雅的曲调、舒缓的节奏，描绘出一幅夕阳映照万顷碧波的画面。接着，以音乐的主题为材料逐层递降，音乐活泼而富有情趣。当它再次变化反复时，采用五声音阶的回旋，环绕一段优美的旋律层层下落，此旋律不但风格性很强，且十分优美动听，确有“唱晚”之趣。最后先递升后递降的旋律接合成一个循环圈，并加以多次反复，而且速度逐次加快，表现了心情喜悦的渔民悠然自得，片片白帆随波逐流，渔舟满载而归的情景。这首富于诗情画意的筝曲曾被改编为高胡、古筝二重奏及小提琴独奏曲。这样舒缓悠扬的音乐，让怀孕初期的准妈妈平复心情的同时，对新的一天充满生机、充满希望。

第7周 胎教计划

● 胎宝宝开始长出手和脚

胎宝宝的小手、小脚开始从正在发育的胳膊和腿上长出来，像船桨一般。肌肉也在发育，胎宝宝像个会跳的豆子似的不时地动一动。眼睑已经长出一些，半遮着眼球。薄如蝉翼的皮肤下面，静脉血管隐约可见。此时，胎宝宝的牙齿和腭正在形成，耳朵继续生长。

● 准妈妈可能出现尿频

本周准妈妈下腹部可能会感觉疼痛，因为为支撑腹部，肌肉和韧带受到了拉伸。增大的子宫压迫膀胱，有人可能会出现尿频。此时是预防流产的关键时期。

● 养胎可使准妈妈及胎儿均获益

养胎对腹中的胎儿大有好处，对进行养胎的准妈妈本人也大有裨益，有不少准妈妈通过养胎消除了妊娠后的不安。妊娠的女性往往容易焦虑，但为了能和腹中的胎儿进行交流，必须做好准备，有意识地稳定情绪，松弛身心。当准妈妈情绪稳定时，腹中的胎儿容易做出反应，胎儿的反应反过来会给准妈妈带来喜悦和满足感。

● 养胎要循序渐进

研究结果表明，胎儿发育到第4周时，神经系统已经开始建立；第8～11周时，胎儿对触觉有了反应，准妈妈可以轻轻拍打、抚摩腹部，这种触摸刺激可通过腹壁、子宫壁促进胎儿的感知觉发育；第16～19周时，胎儿的听力形成，此时的胎儿能听到妈妈心脏跳动的声音、妈妈大血管内血液流动的声音及肠蠕动的声音，而最爱听的是妈妈温柔的说话声和歌声；从孕第20周起，胎儿的视网膜形成，开始对光线有感应，但不喜欢强烈光线的刺激。养胎是一个循序渐进的过程，不能操之过急，应该根据胎儿生理发育的特点逐步进行。

● 美育胎教：欣赏童谣《小白船》

这首《小白船》大家耳熟能详，承载着童年时许多美好的回忆。可是你知道吗？这是一首朝鲜童谣。《小白船》原名《半月》，由朝鲜作曲家尹克荣于1924年创作，1950年被译为中文，广为流传。

尹克荣生于汉城（今首尔），出身书香世家，自幼聪慧，4岁时已经会读朝鲜文的《千字文》。年轻时被送到日本读书（当时朝鲜是日本的殖民地），学习声乐。1923年时，他在东京偶遇了方定焕（此君是韩国知名的民运人士，韩国5月5日的儿童节便是由他所定）。尹克荣与他一起弹琴聊天，方定焕向尹克荣说他不应只为自己创作，建议他应为儿童创作，因为儿童才是明天的希望，况且那时候的朝鲜并没有什么儿歌。方定焕的话启发了尹克荣，于是他便开始努力创作儿歌。1935年来到中国东北教书，20世纪40年代历经曲折回到自己的祖国，留下了许多著名童谣。

小　白　船

朝鲜童谣

1924年9月，尹克荣的姐夫去世。尹克荣看见姐姐常在白天时孤寂地望向天空出现的半月，便以此为题材创作了《半月》，一方面描绘了姐姐失去亲人的寂寥，另一方面也暗喻失去国土的痛苦（朝鲜此时正被日本侵占）。尹克荣曾在访问中谈到，创作《半月》的困难在于最后一句。于是他写下了“晨星是灯塔”的歌词，以表示希望永远都存在。此曲旋律优美，在韩国一般都当作安魂曲使用，而在中国则是著名儿歌，被誉为“东方圣歌”。

● 美育胎教：静心聆听《爱之梦》

李斯特的《爱之梦》为三部曲式，甜美的旋律贯穿始终。先是配合分解和弦的间奏，显得深沉、委婉，带有梦幻般的意境；中段流动的琶琶音衬托热情而激动的音调，像是爱的表白，主题旋律高八度，感情流露更为真切；最后，乐曲在宁静、幸福的气氛中结束。优美的和弦烘托出浪漫的气氛，和谐的旋律巧妙地隐藏于和弦之中，给人梦幻般的感觉。乐曲用钢琴演奏，那平缓而婉转的音调把难以用语言表达的情感展现在人们面前，这就是音乐胜过语言的地方。

爱之梦

爱吧，能爱多久，愿爱多久就爱多久吧，
你守在墓前哀诉的时刻快要来到了。
你的心总得保持炽热，保持眷恋，
只要还有一颗心对你回报温暖。
只要有人对你披露真诚，你就得尽你所能，
教他时时快乐，没有片刻愁闷！
还愿你守口如瓶：严厉的言辞容易伤人。
天啊，本来没有什么恶意，却有人含泪分离。

第8周 胎教计划

● 胎宝宝初具人形

胎宝宝大约有1.6厘米长，外表不再像原始的哺乳动物胚胎了，开始像微缩的人形。所有的器官、肌肉和神经都已经开始发挥作用：肾开始产生尿液，胃开始产生胃液。胚胎开始运动，最开始是全身性的运动，慢慢地会有一些具体的小动作出现，比如一只手在全身其他部位静止的时候运动。他的小手攥成拳头，脚也渐渐地变得不再是蹼的样子了。眼睑开始覆盖住眼球，舌头上开始长出味蕾。

● 准妈妈的乳房开始发育

准妈妈的乳房开始发育，部分准妈妈有胀痛或刺痛感；乳头和乳晕颜色加深；乳头变大并且敏感，周围出现小结节；有的人偶尔可挤出少量乳汁。

现在最好不要外出旅行，过量的运动有可能引起流产。

● 适宜的抚摩养胎

抚摩养胎是父母与胎儿沟通的重要途径，是建立在胎儿具有触觉的基础上实行的，能使胎儿感知到父母的存在，也可以带给父母无穷的乐趣。父母在抚摩胎儿时，一边和胎儿轻轻地说话，一边相互之间谈谈心，交流交流感情，好似一家三口围坐在一起，充满温馨、亲密的气氛。专家们根据对胎儿出生后的跟踪调查发现，经过抚摩养胎训练的胎儿，出生后会比一般婴儿动作灵活，感受力强，对环境的反应能力也较强，身体也会更健康；而胎儿在接受抚摩时，会有很愉悦、舒服的表情，表现得非常喜欢此类刺激。

胎儿的大脑处在迅速发育的时期，对情感有较灵敏的感受，并不是无感觉、无头脑的。有专家发现，当准妈妈发怒时，胎儿有时会出现皱眉或身体不舒服的表情或表现，而温柔的抚摩显然对胎儿是很好的良性情感刺激。

一个人的情绪处于平和愉快的状态之中，身体会分泌多种能补养身体的化学物质及有利于健康的激素；相反，如情绪处于不快、忧郁的状态，身体则分泌多种有害物质，有害物质日积月累，会导致心脏病、癌症等疾病。准妈妈充满爱意的抚摩是一种感受上的补剂，对胎儿心情能起抚慰作用，自然也会有利于胎儿个性的健康发展。

Tips 小贴士

抚摩养胎有利于胎儿大脑的发育，实行抚摩养胎，准妈妈一般心情愉快，对胎儿充满了关爱，气血处于很顺畅的状态，胎儿的气血也会随之变得顺畅，对于胎儿机体平衡的发育很有利，对于胎儿大脑平衡的发育也很有利。

● 胎儿的运动

2个月的胎儿就开始在羊水中进行类似游泳的运动了。3个月起，胎儿会吸吮自己的手指，但是还不老练，只要是嘴能够碰到的东西，不管是手臂，还是脐带，甚至是脚趾，胎儿都会张嘴去吸吮。3个月胎儿的身体，已经能做出反屈、前屈、侧屈和翻转动作了，就像一个小小的运动员。5个月的胎儿已经具有呼吸、吞咽、排尿等能力了。从5个月起，胎儿每天喝羊水，排小便，靠自己维持生活环境中羊水的平衡。

● 美育胎教：欣赏唐诗《鹿柴》

王维是唐代山水田园派诗人，《鹿柴》是他的代表作之一，是他隐居辋川时的作品。这首诗描绘了鹿柴附近的山林在傍晚时分的幽静景色，充满了绘画的意境，反映了诗人对大自然的热爱和对尘世官场的厌倦。宋代刘辰翁在《唐诗品汇》卷三十九中说："无言而有画意。"清代沈德潜《唐诗别裁》卷十九说："佳处不在语言，与陶公'采菊东篱下，悠然见南山'同。"

鹿　柴

空山不见人，
但闻人语响。
返景入深林，
复照青苔上。

这首诗是王维五言绝句组诗《辋川集》二十首中的第五首。鹿柴，是辋川的地名。

第一句"空山不见人"，先正面描写空山的杳无人迹。王维特别喜欢用"空山"这个词语，但在不同的诗里，它所表现的境界却有区别。"空山新雨后，天气晚来秋"（《山居秋暝》），侧重于表现雨后秋山的空明洁净；"人闲桂花落，夜静春山空"（《鸟鸣涧》），侧重于表现夜间春山的宁静幽美；而"空山不见人"，则侧重于表现山的空寂清冷。由于杳无人迹，这并不真空的山在诗人的感觉中显得空旷虚无，宛如太古之境。"不见人"把"空山"的意蕴具体化了。

如果只读第一句，读者可能会觉得它比较平常，但在“空山不见人”之后紧接“但闻人语响”却境界顿出。“但闻”二字颇可玩味。通常情况下，寂静的空山尽管“不见人”，却非一片静默死寂。啾啾鸟语，唧唧虫鸣，瑟瑟风声，潺潺水响，相互交织，大自然的声音其实是非常丰富多彩的。然而此刻，这一切都杳无声息，只是偶尔传来一阵人语声，却看不到人影（由于山深林密）。这“人语响”，似乎是破“寂”的，实际上是以局部的、暂时的“响”反衬出全局的、长久的空寂。空谷传音，愈见空谷之空；空山人语，愈见空山之寂。人语响过，空山复归于万籁俱寂的境界；而且由于刚才那一阵人语响，这时的空寂感就更加突出。

三、四句由上幅描写空山中传语进而描写深林返照，由声而色。深林本来就幽暗，林间树下的青苔，更突出了深林的不见阳光。寂静与幽暗，虽分别诉之于听觉与视觉，但它们在人们总的印象中，却常属于一类，因此幽与静往往连类而及。按照常情，写深林的幽暗，应该着力描绘它不见阳光，这两句却特意写返景射入深林，照映的青苔上。读者猛然一看，会觉得这一抹余晖，给幽暗的深林带来一线光亮，给林间青苔带来一丝暖意，或者说给整个深林带来一点儿生意。但细加体味，就会感到，无论就作者的主观意图或作品的客观效果来看，都恰与此相反。一味的幽暗有时反倒使人不觉其幽暗，而当一抹余晖射入幽暗的深林，斑斑驳驳的树影照映在树下的青苔上时，那一小片光影和大片的无边的幽暗所构成的强烈对比，反而使深林的幽暗更加突出。特别是这“返景”，不仅微弱，而且短暂，一抹余晖转瞬逝去之后，接踵而来的便是漫长的幽暗。如果一、二句是以有声反衬空寂，那么三、四句便是以光亮反衬幽暗。整首诗就像是在绝大部分用冷色的画面上掺进了一点儿暖色，结果反而使冷色给人的印象更加突出。

静美和壮美，是大自然的千姿百态的美的两种类型，其间原本无轩轾之分。但静而近于空无，幽而略带冷寂，则多少表现了作者美学趣味中独特的一面。同样写到“空山”，同样侧重于表现静美，《山居秋暝》色调明朗，在幽静的基调上浮动着安恬的气息，蕴涵着活泼的生机；《鸟鸣涧》虽极写春山的静谧，但整个意境并不幽冷空寂，素月的清辉、桂花的芬芳、山鸟的啼鸣，都带有春的气息和夜的安恬；而《鹿柴》则带有幽冷空寂的色彩。

王维是诗人、画家兼音乐家。这首诗正体现出诗、画、乐的结合。无声的静寂、无光的幽暗，一般人都易于觉察；但有声的静寂、有光的幽暗，则较少为人所注意。诗人正是以他特有的画家、音乐家对色彩、声音的敏感，才把握住了空山人语响和返景入深林的一刹那所显示的特有的幽静境界。但是这种敏感，又和他对大自然的细致观察、潜心默会分不开。

● 美育胎教：欣赏唐诗《春夜喜雨》

《春夜喜雨》是唐诗中的名篇之一。诗中以极大的喜悦之情，赞美了来得及时、滋润万物的春雨。其中对春雨的描写，体物精微，绘声绘形，是一首入化传神、别具风韵的咏雨诗，为千古传诵的佳作。

春夜喜雨

好雨知时节，当春乃发生。
随风潜入夜，润物细无声。
野径云俱黑，江船火独明。
晓看红湿处，花重锦官城。

《春夜喜雨》是杜甫在公元761年（唐肃宗上元二年）春天，在成都浣花溪畔的草堂时写的。此时杜甫因陕西旱灾来到四川定居成都已两年。他亲自耕作，种菜养花，与农民交往，因而对春雨之情很深，写下了这首诗描写春夜降雨、润泽万物的美景，抒发了诗人的喜悦之情。文章中虽没有一个喜字，却洋溢着作者的喜悦之情。《春夜喜雨》抒发诗人对春夜细雨无私奉献品质的喜爱赞美之情。

全诗这样写道："好雨知时节，当春乃发生。随风潜入夜，润物细无声。野径云俱黑，江船火独明。晓看红湿处，花重锦官城。"一、二句"好"字含情，赞盛春雨。"知时节"赋予春雨人的生命和情感，在作者看来，春雨体贴人意，知晓时节，在人们急需的时候飘然而至，催发生机。多好的春雨！首联既言春雨的"发生"，又含蓄地传达出作者热切盼望春雨降临的焦急心绪。颔联显然是诗人的听觉感受。春雨来了，在苍茫的夜晚，随风而至，悄无声息，滋润万物，无意讨好，唯求奉献。听雨情景作者体察得很细致，就连春雨洒洒、静默无声也被诗人听出来了。可见，惊喜于春雨的潜移默化，诗人彻夜难眠。颈联紧承颔联，诗人唯愿春雨下个通宵，又恐突然中止，亦喜亦忧，推门而出，伫立远眺，只见平日泾渭分明的田野小径也融入夜色，漆黑一片，可见夜有多黑，雨有多密。而江船渔火红艳夺目，又反衬出春夜的广漠幽黑，也从侧面烘托出春雨之繁密。尾联系想象之辞，诗人目睹春雨绵绵，欣慰地想到第二天天亮的时候，锦官城将是一片万紫千红的春色。花之红艳欲滴、生机盎然正是无声细雨潜移默化、滋润洗礼的结果。因此，写花实乃烘托春雨的无私奉献品格。

通过以上对诗句的分析，不难看出，杜甫是按这样一条情感思路来构思行文的：盼雨——听雨——看雨——想雨。俗话说，"春雨贵如油"，对于这珍贵如油的春雨，众人皆盼，诗人亦然。而当春雨飘然降临的时候，诗歌意在盛赞春雨默默无闻、无私奉献的崇高品质，这份对春雨的喜爱之情描绘得如此细腻逼真、曲折有致，让人能感受到当时的情景，这不能不令人惊叹杜甫洞幽显微、体物察情的艺术功力。此外，诗歌细节的捕捉和描绘也能体现诗人体物察情的优长。"随风潜入夜，润物细无声。""潜"字拟人化，描摹春雨来去悄无声息、无影无踪的情态，颇具情趣，诱发人们对春雨的喜爱之情。"润"字传达神韵，准确而生动地写出了春雨滋润万物、静默无声的特点，既绘形，又言情，形情皆备，精深独妙。"花重锦官城"，着一"重"字，准确地写出了经受春雨一夜洗礼滋润之后锦官城花朵红艳欲滴、饱含生机的情态，寄寓了作者对春雨的盛赞之情。“野径云俱黑，江船火独明”则又抓住典型细节，工笔细描，精妙传神地渲染出春雨迷蒙、色彩迷离的氛围。总之，杜甫的《春夜喜雨》无论在锤字炼句方面，还是在意象的捕捉、细节的描写方面，都体现了他体物察情、精细入微的过人之处。结合杜甫诗风沉郁顿挫来对比赏读，读者必将获得对杜诗另一种生命情趣的深刻理解。这是描绘春夜雨景，表现喜悦心情的名作。

诗歌一开头（首联）就用一个“好”字赞美“雨”。在生活里，“好”常常被用来赞美那些做好事的人。这里用“好”赞美雨，已经唤起关于做好事的人的联想。接下去，就把雨拟人化，说它“知时节”，懂得满足客观需要。的确，春天是万物萌芽生长的季节，正需要下雨，雨就下起来了。它是多么“好”。

第二联（颔联），进一步表现雨的“好”。雨之所以“好”，就好在适时，好在“润物”。称赞春雨霏霏、悄无声息的特点，而且表现了它无私的品质。春天的雨，一般是伴随着和风细细地滋润万物的。然而也有例外。有时候，它会伴随着冷风，由雨变成雪；有时候，它会伴随着狂风，下得很凶暴。这样的雨尽管下在春天，但不是典型的春雨，只会损物而不会“润物”，自然不会使人“喜”，也不可能得到“好”评。所以，光有首联的“知时节”，还不足以完全表现雨的“好”。等到第二联写出了典型的春雨，即伴随着和风的细雨，那个“好”字才落实了。

“随风潜入夜，润物细无声。”这仍然用的是拟人化手法。这两句也是名句，比喻无微不至的关爱与和风细雨的教诲。“潜入夜”和“细无声”相配合，不仅表明那雨是伴随和风而来的细雨，而且表明那雨有意“润物”，无意讨“好”。如果有意讨“好”，它就会在白天来，就会造一点儿声势，让人们看得见、听得清。唯其有意“润物”，无意讨“好”，它才选择了一个不妨碍人们工作和劳动的时间悄悄地来，在人们酣睡的夜晚无声地、细细地下。

雨这样“好”，就希望它下多下够，下个通宵。倘若只下一会儿就云散天晴，那“润物”就很不彻底。诗人抓住这一点，写了第三联（颈联）。在不太阴沉的夜间，小路比田野容易看得见，江面也比岸上容易辨得清。此时放眼四望，“野径云俱黑，江船火独明。”只有船上的灯火是明的。此外，连江面也看不见，小路也辨不清，天空里全是黑沉沉的云，地上也像云一样黑。看起来，准会下到天亮。

尾联写的是想象中的情景。如此“好雨”下上一夜，万物就都得到润泽，发荣滋长起来了。万物之一的花，最能代表春色的花，也就带雨开放，红艳欲滴。等到明天清早去看看吧：整个锦官城（成都市南）杂花生树，一片“红湿”，一朵朵红艳艳、沉甸甸，汇成花的海洋。

这首诗写的是“雨”，诗人敏锐地抓住这场雨的特征，从各个方面进行描摹。前两句写了下雨的季节，直接赞美了这场雨的及时。雨仿佛知晓人们的心思，在最需要的时候悄然来临。后面六句集中写了“夜雨”。野外一片漆黑，只有一点渔火若隐若现。诗人于是兴奋地猜测：等到天明，锦官城里该是一片万紫千红吧。诗中没有一个“喜”字，但“潜”“润”“细”“湿”等字，都体现着诗人的喜悦之情。

浦起龙说：“写雨切夜易，切春难。”这首《春夜喜雨》诗，不仅切夜、切春，而且写出了典型的春雨，也就是“好雨”的高尚品格，表现了诗人、也是一切“好人”的高尚人格。

怀孕3个月
胎教要点

从怀孕的第3个月起，胎儿的增长速度是很快的，此时的胎儿已经真正具有人形了，而且可以在母体的子宫内自由活动，但这种活动还不能被准妈妈所感知。这个月是妊娠反应最严重的时期，因此准妈妈的情绪很不稳定，易发脾气，准妈妈要学会调节自己的情绪。又由于恶心、呕吐等反应影响营养的摄取，所以要注意保证全面合理的营养，为胎儿的发育提供充足的养分。另外，可以进行适度的运动，保证身体的健康。

从这个月开始，准妈妈要定时进行产前检查，了解自己及胎儿的健康情况，以便发现异常能及时处理。此期是容易发生流产的时期，准妈妈一定注意不要进行过猛、过激的运动，也不要勉强干体力活儿，避免一切可能引起流产的因素。

这个月的胎教内容主要是给予胎儿一些适当的刺激，如运动胎教、情绪胎教、音乐胎教和意念胎教等。

第9周 胎教计划

● 胎宝宝长出手指和脚趾

虽然这时胎宝宝的重量还不到10克，但胳膊、腿、眼睛、内生殖器和其他器官等身体的各个部分已经成形。此时，胎宝宝的上下眼睑还是连接在一起的，要到第27周时才能睁开。他的手腕进一步发育，脚踝已经成形，手指和脚趾清晰可辨。此时他的胳膊甚至都能在肘部弯曲了。

● 准妈妈的身材开始变化

此时准妈妈的身材变化开始明显，乳房变大，腰身变粗。这个月是很容易流产的时期，因为绒毛和子宫内膜尚未完全结合，早孕反应也渐渐变得严重。为了自己和腹中的胎宝宝，准妈妈一定要多多休息。

● 胎儿在母腹中的发育情况

人对外界有5种感觉方式，即视觉、听觉、嗅觉、味觉、触觉，是维持生存最低限度的必备能力，也是人类大脑智力活动的基础。其中，听觉和触觉在胎儿期大体完成。最先发育的是触觉，也叫皮肤感觉，从妊娠三四个月开始形成部分皮肤感觉。皮肤感觉对胎儿的成长起了重要作用，胎儿在准妈妈体内吮吸手指、用脚踢准妈妈的腹部也是皮肤感觉发达的缘故。这种皮肤感觉，出生之后在同准妈妈的皮肤接触上发挥着重要的作用。由于有了皮肤感觉，出生后的婴儿得以心情安定和茁壮成长。

总体来看，3个月的胎儿已经有压觉和触觉，受到刺激时他会有反应。4个月的胎儿有了冷觉。5个月的胎儿知道温热的感觉，而且胎儿的舌头对苦、甜味有了明显的感觉。7个月的胎儿对疼痛的感觉已十分敏感。但是，羊水中的味道一直没有太大变化，而且没有胎儿喜欢的甜味，只有出生后再去品尝人间的甘苦了。胎儿的鼻子要到7个月时才有嗅觉。胎儿对子宫内的气味能够留下深刻的记忆。

Tips 小贴士

人的生命实际上是从胎儿时期开始的，胎儿大约3个月就有了感觉。起初，当胎儿碰到子宫中的一些软组织，如子宫壁、脐带或胎盘时，会像胆小的兔子一样立即避开，但随着逐渐长大，特别是到了孕中后期，胎儿变得胆大起来，不但不避开，反而会有一定反应，如有时准妈妈抚摩腹壁时，胎儿会用脚踢作为回应。

情绪胎教：影响胎儿的身心健康

从怀孕开始，母子信息的沟通就已经建立。虽然准妈妈与胎儿间没有直接的神经联系，但在整个孕期，母子间通过心理上的相互作用、生物节律的逐渐同步，以及听觉、视觉、动觉、触觉的相互感应而建立起密切的信息沟通。当准妈妈紧张、焦虑、愤怒、悲伤时，这些情绪会通过神经系统的调节而影响内分泌系统，产生相关激素，使准妈妈的心脏搏动加快、血压升高，这些变化会通过胎盘的血液循环影响胎儿的情感与性格或心理的发育，特别是在怀孕早期，妈妈情绪的极端变化有可能造成胚胎分化异常，如新生儿唇腭裂等畸形。

情绪胎教－延展阅读

胎儿的成长除了需要充分的营养之外，准妈妈的爱心对胎儿来说也是一种重要的“养分”。当准妈妈情绪激动时，胃液分泌减少，肠功能减退，因此会影响食欲。食欲不好，胃和肠不能充分工作，吃下去的食物就不能完全消化，胎儿便不能获得足够的养分，从而导致成长的障碍。因此，为了胎儿的健康，对于那些令人不愉快的事情，应一笑置之。时时拥有一颗平静愉快的心，过着充实舒畅的生活，就是最好的胎教。

此期，应注重情绪胎教，准妈妈对待自身的变化要有一个积极的心态，多欣赏娓娓动听的儿童歌曲，想象胎儿的样子，输入眷恋小生命的母爱，这些对胎教起着尤为重要的作用。

同时，丈夫也要注意行为举止，避免给妻子不良的刺激，保证妻子的情绪与心理处于最佳状态，让妻子实现与胎儿最佳的信息沟通与情感交流。这些信息沟通便是通过对母体的刺激而间接地对胎儿实施的教育——胎教。

● 美育胎教：品读小诗《开始》

做母亲的感觉是怎么样的？是期盼，是幸福，还是有些激动或者是有些莫名地感到不安？也许你早已习惯了做妈妈的女儿，却没有想到自己有一天也成了母亲，那复杂的情绪一起涌起，一时间也表达不出自己的心情。一起来分享一下印度著名诗人泰戈尔的一首诗吧，也许你能从中找到答案。

开 始

“我是从哪儿来的，你，在哪儿把我捡起来的？”孩子问他的妈妈说。她把孩子紧紧地搂在胸前，含泪微笑着回答——

“你曾被我当作心愿藏在心里，我的宝贝。”

“你曾存在于我孩童时代玩的泥娃娃身上；每天早晨我用泥土塑造我的神像，那时我反复地塑了又捏碎了的就是你。”

“你曾活在我所有的希望和爱情里，活在我的生命里、我母亲的生命里。”

“当我做女孩子的时候，我的心的花瓣儿张开，你就像一股花香似的散发出来。”

“你的软软的温柔，在我的青春的肢体上开花了，像太阳出来之前天空上的一片曙光。”

“上天的第一宠儿，晨曦的孪生兄弟，你从世界的生命的溪流浮泛而下，终于停泊在我的心头。”

“当我凝视你的脸蛋儿的时候，神秘之感淹没了我，你这属于一切人的，竟成了我的。”

“为了怕失掉你，我把你紧紧地搂在胸前。是什么魔术把这世界的宝贝引到我的手臂里来呢？”

● 美育胎教：欣赏《雪花的快乐》

雪花的快乐

假如我是一朵雪花，
翩翩的在半空里潇洒，
我一定认清我的方向——
飞扬，飞扬，飞扬，——
这地面上有我的方向。
不去那冷寞的幽谷，
不去那凄清的山麓，
也不上荒街去惆怅——
飞扬，飞扬，飞扬，——
你看，我有我的方向！
在半空里娟娟的飞舞，
认明了那清幽的住处，
等着她来花园里探望——
飞扬，飞扬，飞扬，——
啊，她身上有朱砂梅的清香！
那时我凭借我的身轻，
盈盈的，沾住了她的衣襟，
贴近她柔波似的心胸——
消溶，消溶，消溶——
溶入了她柔波似的心胸！

此诗由现代诗人徐志摩写于1924年12月30日，发表于1925年1月17日《现代评论》第一卷第6期。这首诗共4节，韵律铿锵，具有起承转合的章法结构之美，体现了诗人激情起伏的思路之奇。

在这里，现实的我被彻底抽空，雪花代替我出场，“翩翩的在半空里潇洒”。这是被诗人意念填充的雪花，被灵魂穿着的雪花。这是灵性的雪花，人的精灵，他要为美而死。值得回味的是，他在追求美的过程中丝毫不感到痛苦、绝望，恰恰相反，他充分享受着选择的自由、热爱的快乐。雪花“飞扬，飞扬，飞扬”这是多么坚定、欢快和轻松自由的执着，实在是自明和自觉的结果。而这个美的她，住在清幽之地，出入雪中花园，浑身散发朱砂梅的清香，心胸恰似万缕柔波的湖泊！

清醒的诗人避开现实藩篱，把一切展开建筑在“假如”之上。“假如”使这首诗定下了柔美、朦胧的格调，使其中的热烈和自由无不笼罩于淡淡的忧伤的光环里。雪花的旋转、延宕和最终归宿完全吻合诗人优美灵魂的自由、坚定和执着。这首诗的韵律是大自然的音籁、灵魂的交响。重复出现的“飞扬，飞扬，飞扬”织出一幅深邃的灵魂图画。

第10周 胎教计划

● 胎宝宝会吞咽和踢动了

胎宝宝的主要器官已完全长成，而且会吞咽和踢动了。他的外生殖器正在发育，几周后就能成形，通过B超就能看出是男孩还是女孩了。更加细小的身体部分也长出来了，如手指甲和毛茸茸的胎发。

● 准妈妈下腹开始隆起

子宫有一个柚子那么大了，几乎能充满整个骨盆。准妈妈的下腹部已微微隆起，但这样细微的变化可能从外表上还看不出来。此时可以测量到胎心，胎宝宝开始形成完善的心血管系统和神经系统，所以是胎宝宝最敏感的时期，因此准妈妈用药需要非常谨慎。

● 怎样有效实施音乐胎教

准妈妈最好每日定时进行音乐胎教，让胎儿养成习惯，建立条件反射。一般建议每日早、晚各一次，或在上午、下午空闲时各一次，每次20分钟左右，最好按固定程序进行。

1.选好音乐

把录音机或CD机、VCD机放到离身体1米以外的地方，注意不要离得太近，以防电磁波辐射。将音量调到适当大小，以听着舒服为度。为了让胎儿熟悉所听音乐，可以将一段音乐反复放多天；最好一段时间内放同一种旋律的音乐，不要过于杂乱，以免胎儿不能适应。让胎儿在一段时间内反复听同一首曲子很有好处，不仅能使胎儿熟悉音乐，对音乐产生兴趣，而且能使已有记忆力的胎儿记住乐曲。

2.准妈妈为自己选择一个舒适的姿势坐好

最好取半坐姿势，或者靠在沙发上，要注意放松全身，让呼吸保持轻松自然、通畅，最好不要平躺下，以免胎儿活动不方便。然后，轻轻拍拍肚子，说一声“宝宝，我们听音乐啦”，让胎儿做好准备，也可让熟睡的胎儿醒来。一般养成了习惯，胎儿在这个时间就不会睡着。

3.静静地、安适地、内心愉悦地听所放的音乐

最好能摒除杂念，也不要受周围声音的干扰，能入情入境，完全沉浸在音乐所表达的意境和音乐的节奏之中，然后随音乐充分发挥想象，如随音乐走进宁静的山谷，随音乐呼吸清晨山间清新的空气，随音乐想象开满鲜花的原野，随音乐感受欢快的舞蹈。听音乐时还要关注胎儿，想象带着爱意与胎儿一同徜徉在美丽的大自然中，等等。

● 歌声也是音乐胎教

音乐胎教也包括准妈妈唱歌给胎儿听，准妈妈如能经常对胎儿哼唱优美的歌曲，或跟着音乐哼哼曲调，胎儿的音乐素养及各方面的综合素质会得到更好地提高。准妈妈唱歌时身心会处在比被动听音乐更活泼、愉悦的状态，歌唱会使准妈妈的肺活量增加，全身气血更顺畅，细胞更活跃，对胎儿是极

有好处的。摇篮曲是世界上许多民族都有的愉悦胎儿、安抚胎儿、催胎儿入眠的歌曲，准妈妈给胎儿唱摇篮曲是一种很好的传统胎教方法，有条件的准妈妈最好能学一些摇篮曲，经常给胎儿唱唱。

● 音乐胎教：选对音乐很重要

不同类型的音乐对准妈妈和胎儿所产生的影响是不同的，因此，这个时期，准妈妈适宜听轻松愉快、诙谐有趣、优美动听的音乐，可以缓解准妈妈不安的心情，在精神上得到安慰，同时也有利于胎儿的健康发育。此时，最好听一些曲调优雅柔和、节奏委婉轻盈的乐曲，如《春江花月夜》《江南好》《春之声圆舞曲》《摇篮曲》等，不宜听过分激烈的现代音乐，因为这类音乐音量较大，节奏紧张激烈，声音刺耳嘈杂，可引起胎儿躁动不安，而且可促进母体分泌一些有害的物质，危及准妈妈和胎儿。另外，准妈妈还可以听一些活泼有趣的儿歌、童谣，随着轻轻哼唱，通过母体的振动将音乐传递给胎儿。

● 美育胎教：欣赏《闲庭春画》

对准妈妈而言，多看一些以儿童为题材的画，对孕育非常有益。它不仅可令准妈妈的母爱大增，改善孕期的不良情绪，还可以提高准妈妈的审美能力，并将这种能力传递给腹中的胎宝宝，让胎宝宝在腹中接受美的教育。下面我们就和准妈妈一起来欣赏丰子恺的著名儿童画《闲庭春画》。

丰子恺是我国现代著名漫画家、文学家、美术和音乐教育家。他的漫画擅长以儿童为题材，以简约的方式表达实际生活。在《闲庭春画》中，作者以清晰的笔调绘制出了一幅童趣十足的场景。画中3个可爱的小孩子正在一棵大树下嬉戏，其中一个小孩子正趴在水缸旁边欣赏玩具帆船，作家着重刻

画了小孩子的面部表情，她正充满好奇地看着帆船，似乎在畅想帆船在大海中航行时的场景，又似乎在畅想自己坐在帆船上航游时的快乐，又似乎……给人留下了无限遐想；另外一个小孩子手里牵着小飞机的线，可小飞机竟然落到了树枝上，作者并没有画出小孩子的面部表情，这给人们留下了无限的想象空间；画中还有一个小孩子手拉着小车，但目光却定焦在悬在树上的小飞机上，这充分体现了孩子的好奇心。

丰子恺的漫画收录在《丰子恺儿童漫画选 · 自然卷》和《丰子恺儿童漫画选 · 儿童彩色卷》等书中。

● 美育胎教：欣赏《当幸福来敲门》

美国电影《当幸福来敲门》（*The Pursuit of Happiness*）改编自美国著名黑人投资家克里斯 · 加德纳的同名自传，这是一个典型的美国式励志故事。作为一名单身父亲，加德纳一度面临连自己的温饱也无法解决的困境。在最困难的时期，加德纳只能将自己仅有的财产背在背上，一手提着尿布，一手推着婴儿车，与儿子一起前往无家可归者的居住地——收容所。实在无处容身时，父子俩只能到公园、地铁卫生间这样的地方过夜。

为了养活儿子，穷困潦倒、无家可归的加德纳从最底层的推销员做起，最后成为全美知名的金融投资家。回忆起自己的这段过去，加德纳表示："在二十几岁的时候，我经历了人们可以想象到的各种艰难、黑暗、恐惧的时刻，不过我从来没有放弃过。这本自传还有一层深意，那就是即使在最最艰难的时刻，父亲与儿子也是不可分离的。"

20多岁的加德纳读书不多，任职医疗物资推销员，还要照顾女友和年幼的儿子。1981年，他在旧金山一个停车场，看到一名驾着红色法拉利的男人正找车位，他回忆道："我对他说：'你可以用我的车位，但我要你回答两个问题：你做什么工作和怎样做？'"对方自称是股票经纪，月薪达8万美元，比加德纳的年薪多一倍。加德纳于是辞职转行，成功获得证券公司聘请，但还未上班时请他的人却被解雇了，于是新工作泡汤了。应征新工作前，他和女友吵架，惊动警员上门调停。加德纳被警方追讨1200美元的违例停车罚款，因为无力还钱，他被判入狱10天。但噩梦还未完，出狱后他发现女友同儿子都消失了，他变得一无所有。几个月后，女友再次现身，但不是想重修旧好，而是她不想带着儿子了。加德纳需要抚养孩子，不能再住单身宿舍，被迫流浪街头……廉价旅馆、公园、火车站厕所、办公室桌底，都成了两父子的栖身之所，一年后他才存够钱拥有自己的小窝。

加德纳努力赚钱，当上股票经纪后，事业一帆风顺。1987年，他在芝加哥开设经纪公司做老板，成为百万富翁。后来他致力于南非扶贫，还出版了自传，就是《当幸福来敲门》。

第11周 胎教计划

● 胎宝宝正在快速成长

胎宝宝的身长已经有4厘米。从牙蕾到脚指甲，他身体的各个部分都已长全。他现在整天伸腰踢腿，没完没了。但他还太小，漂浮在羊水中，准妈妈还感觉不到胎动。他的手指和脚趾已经完全分开了。从现在到出生，他的主要任务就是长得更大、更壮。

● 准妈妈的腹部开始出现妊娠线

此时准妈妈体内激素的变化会使新陈代谢加快，分泌物也跟着增加。分泌物呈乳白色黏稠状，不会有异味，也不会觉得痒。阴道和外阴部血液供给量增加，使得外阴部颜色加深，呈深青紫色。激素的变化会使准妈妈的腹部出现一条由黑色素沉积形成的黑线，还可能会影响准妈妈的情绪，甚至可能会引起头疼。

● 运动胎教：给胎宝宝爱的抚摩

在怀孕第3个月时，准妈妈虽然感觉不到胎动，但实际上胎宝宝已经在子宫中开始有所动作了，因此，从这个月起可提前进行运动胎教了。如果以后在胎儿发脾气胎动激烈时，或在各种胎教方法之前都可应用此法，以缓解胎儿的不良情绪。

在此期可以进行爱抚法。准妈妈仰卧在床上，头不要垫得太高，也可将上身垫高，采取半仰姿势，不论采取什么姿势，一定要感到舒适。全身放松，呼吸匀称，心平气和，面部呈微笑状，双手轻放在胎儿的位置上，双手从上至下，从左至右，轻柔缓慢地抚摩胎儿，心里想象双手真的爱抚在可爱的小宝宝身上，怀着一种喜悦和幸福感，深情地默想或轻轻说出“小宝宝，妈妈真爱你”“小宝宝真舒畅”“小宝宝快快长，长成一个聪明可爱的小宝贝”等言语，每次2～5分钟。

● 抚摩胎教与语言胎教：通过准妈妈影响胎宝宝

胎宝宝不仅有感觉，还有记忆力，能够接受父母的教育，父母可以通过动作和声音，与腹中的胎宝宝沟通信息，让胎宝宝获得安全感，并感到舒服和愉快，出生后也愿意同周围的人交流。此时期可以继续进行抚摩胎教，准妈妈可在每日午睡前或晚上睡觉前进行，一天两次即可，每次进行10分钟。平躺下后，先放松全身肌肉，调理好心情，使情绪处于宁静、愉悦状态，然后把手放到子宫部位，温柔地、轻轻地抚摩，可以轻轻地用手掌绕圈子抚摩，加上温柔的、充满爱意的语言，或者轻轻地哼摇篮曲等旋律柔和的歌曲。

语言胎教与抚摩胎教可配合一起进行。准妈妈一边轻轻抚摩腹部，一边说些温柔的、充满爱意的话，对胎宝宝大脑进行刺激，刺激越频繁，越能使胎宝宝产生记忆，智力得到开发。胎教一两天不足以和胎宝宝建立起联系，需坚持长久地、有规律地去做，才能使胎宝宝领会其中的含义，并积极地回应。

● 美育胎教：欣赏《小鬼当家》

许多准妈妈会觉得怀孕时枯燥乏味、缺乏乐趣，本周我们就为你推荐一部著名影片《小鬼当家》。

本片是导演克里斯·哥伦布1990年推出的假日强档影片，它不仅为广大电影爱好者带来了无限快乐，也使此片成了美国电影史上总票房排名第九的影片，是美国有史以来拍得最好的喜剧片之一。

影片讲述的是：8岁的凯文一夜之间成为一家之主，原因是全家度圣诞节时匆忙之中将他留在了家中。凯文对这一突发事件感到非常惬意，他把家里变成了自己理想中的乐园。两个刚刚越狱出来的窃贼，想利用圣诞节无人之际入室盗窃，8岁的小凯文用自己的聪明才智与两人周旋，“好好”招待了这两位不速之客，结果两个盗贼再次被警察抓捕归案。

《小鬼当家》第二部讲述的是：又是一个圣诞节，全家决定去佛罗里达度假，早晨醒来时发现快误了班机，急匆匆赶往机场，好在没有再把凯文忘在家中。但匆忙中凯文错乘了飞往纽约的班机，再次与家人失去联系。在纽约的街头，凯文巧遇被他送回监狱、但越狱在逃的那两个盗贼，这一次他又得施巧计对付那两个坏蛋了。

1997年，又推出了《小鬼当家》第三部。美国国防部一块存有高级机密的电脑芯片不见了，国际犯罪分子将其价格炒到了天文数字，经由国际盗匪的几度转手，由香港运抵美国，它被藏在了一个玩具遥控车里，并顺利通过了机场安检处。不料途中却阴差阳错地被一个老太太调了包，并辗转到了8岁男孩阿历克斯的手中。4个受过专业训练的犯罪分子好不容易打听到老太太的住址，悄悄潜入阿历克斯所在的住宅区，想要取回芯片。足智多谋且胆识过人的阿历克斯因长水痘正独自在家，他用许多与众不同的“武器”打败了犯罪分子，把4个盗匪折腾得死去活来……

● 想象胎教：多看可爱宝宝的图片

进行想象胎教是一个非常愉快的过程。准妈妈可以静静地躺在床上，看一些可爱宝宝的图片。准妈妈可以一边看这些可爱的宝宝，一边想象自己宝宝可爱的样子。如果准爸爸有时间，也可以加入进来。在抚摩胎宝宝的同时，还可以对胎宝宝说些想说的话，比如："宝宝，你也会像这些小朋友一样漂亮可爱。""宝宝，看这个宝宝笑得多甜呀！你也笑一笑吧！"这个时刻肯定是准妈妈和准爸爸最开心的时刻，对宝宝的憧憬，对爱人的温情体贴的言语赞赏，肯定会让准妈妈的心情豁然开朗。

第12周 胎教计划

● 胎宝宝开始出现反射性动作

本周胎宝宝最显著的发育变化是出现反射性动作：手指很快就能开合，脚趾会弯曲，眼部肌肉会收缩，嘴也开始做吮吸的动作了。如果准妈妈用手指轻戳自己的腹部，胎宝宝就会动一动来回应，但准妈妈还感觉不到。

胎宝宝的组织和器官开始迅速地发育并成熟。神经细胞正在迅速增多，大脑中的突触（两个神经细胞的连接点）在快速地形成。他的肠子最初只是脐带里的一大团肿胀物，此时开始向腹腔内移动。他的肾脏也在发育，已经开始将尿液输送进膀胱。脸部已经完全长成：双眼位于头的前部，耳朵基本上是在正常的地方了。此时，从胎宝宝的头顶到臀部的长度超过了5.5厘米，相当于一个鸡蛋大小，重量约为14克。

● 准妈妈的腹部明显隆起

在第12周时，激素水平开始稳定下来，早孕反应可能会渐渐消失，但也有些准妈妈会持续到14周，甚至16周。早孕反应是因人而异的一种怀孕现象，有人严重到连喝水都会觉得恶心想吐，有人则是胃口好得很，一点儿异常的症状也没有。另外，还有可能产生饮食口味的改变，以前喜欢的东西现在觉得恶心，而原本不喜欢的食物却爱不释口。

小贴士

本周准妈妈的子宫开始增大，抚摩自己肚子时，能明显感觉到腹部隆起。此时，家人应多关注准妈妈的心理和情绪，多与准妈妈进行沟通，多理解准妈妈，帮助准妈妈健康地度过孕期生活。

● 意念胎教：熏染胎宝宝的情操

怀孕3个月时，准妈妈由于生理功能的变化，很容易心情烦躁，不能很好地休息。而此期正是胚胎发育和各器官形成的重要时期，主要系统和器官逐渐分化。意念胎教能使准妈妈的心情平和，从而使胎宝宝朝理想的方向发展。准妈妈除了多听音乐外，还应欣赏摄影、绘画和塑像，阅读优美的散文、童话等，还可以观看动画片等，以此陶冶情操，对腹中胎宝宝起潜移默化的作用。准妈妈还要适度修饰自己，一方面可以弥补因怀孕而引起的形体、肤色的缺陷；另一方面可以对胎儿进行美感的熏染。

● 运动胎教：到大自然中走一走

我们每个人都是大自然的产物，并且只能永远生活在大自然的怀抱里，离开了大自然我们的生命就会逐渐萎缩，这一点谁都明白，然而大自然对我们生命一点一滴的影响与塑造主要体现在什么地方、依照什么规律进行，我们什么地方已经忘记了大自然、背离了大自然的规则，背离后从长远看会有什么后果，大部分人却几乎想都没去想过。

我们该明白大自然对我们每个人的意义，也就是明白大自然能给我们什么？能给胎宝宝什么？显然，大自然是人类取之不尽的宝库，既是物质宝库，也是精神和生命活力的宝库。

1.新鲜空气是最好的补药

永远不要忘记大自然能给胎宝宝最好、最新鲜的空气，而这是保证胎宝宝健康的最关键因素之一。长期生活在城里的人也许不觉得空气好一点儿、差一点儿有什么害处，但如果想一想三代住城里的人的后代，就会发现他们容易脸色苍白、身体瘦弱、不经折腾、易患慢性病，结果还是很明显的。前美国总统罗斯福患有气管炎哮喘，每当发作就苦不堪言，但他发现一个很有效的治愈方法，就是到空气纯净的大自然中待十来天，病就容易好。现在的胸外科医生发现，居住在人口稠密的城市里的居民，许多人做胸部透视时可发现胸部有黑色斑点，有些是肺结核自愈后的钙化点，而农村来的人胸透时就没有这样的斑点。可见空气对人是至关重要的，对环境极度敏感的胎宝宝，作用就更不用提了。

近几年来，大中城市的雾霾现象十分严重，雾霾中含有二氧化碳、一氧化碳、铅、苯、硫酸、有毒粉尘，含很多可吸入颗粒物的工业、汽车废气，以及油漆、油墨和塑料等散发出的有害挥发性物质，加上噪声、电磁辐射等现代污染，对生命来说实在不是个好地方。目前医学研究发现，大城市儿童的血液中含铅量基本已经全部超标。

所以准父母要关注这一问题，尽可能让胎宝宝远离这种污染之地，有条件最好能多去空气清新的郊外活动，多搞“有氧运动”，适当在大自然中散步、游玩，不时清清肺中的浊气，使自已获得较有利于身体健康的空气，也使胎宝宝能获得尽可能好的空气。

2.大自然的美是最好的美育胎教

大自然各种各样的绿草绿树、万花盛开的情景、令人赏心悦目的山水、自由自在的动物、和谐美妙的鸟鸣虫叫都会给人带来美好的心情，准妈妈如能多去欣赏、观看，从中就能获得愉悦和美感，这对胎宝宝也是极有好处的。

有时一棵树或一片叶子的形状、一朵花的色彩、一只小动物的动作、一两声虫鸣，就足以给人创造美好的心情，是非常好的胎教材料，准妈妈要善于发现美，要好好利用大自然里美妙的一切，让它们为胎宝宝起最好的作用。

3.阳光是人和万物的生命力源泉

阳光对人具有神奇的作用，没有它就不会有人类、不会有生命万物，把宝宝长期关在屋子里不见阳光，宝宝就会因缺维生素D而得软骨病，身体的其他组织会极度不正常、虚弱，并缺乏活力；长期生活或工作在缺少阳光环境中的父母，其本身会缺少许多种生命必需的元素，他们孕育的后代就更不可能健康健全了。农村的孩子为什么体质容易健康、有活力，耐寒暑、耐艰苦，一个原因就是"得阳光独厚"——从小得到了充足的阳光。所以准妈妈要尽可能生活在阳光充足的屋子里，也要多到阳光充足的大自然环境中活动，这样才能获得活泼健壮的孩子。

4.大自然是一种精神资源

大自然是孕育、培养人的活力的最好场所，人不仅能从新鲜的空气、充足的阳光里获得活力，也能从欣赏大自然的美和雄伟的气势中获得活力。当然这需要准妈妈有一定文化修养。

当准妈妈面对一座高耸云际的大山时，心中会感觉到它雄伟的气势给自己带来的豪迈和心旷神怡；面对活泼流动的清澈的泉水时，心态会变得非常活泼开朗；面对开阔的原野时，心胸又会有被舒展开的美妙感觉；面对奔跑的骏马时，心里会充满了神奇的力量。云起云涌的天空、布满星星的穹宇、春天鲜花遍布的草地、夏天被风吹动的满池荷叶、秋天金黄色的田野、冬天"山舞银蛇、原驰蜡象"的雪原，还有大自然固有的、奇妙的、喧闹的蛙声虫鸣……所有这一切，都可成为一位有修养的准妈妈的良好的精神源泉，从而成为胎宝宝成长的最好"外在营养"。可以说，大自然的美是准妈妈进行胎教和养胎的极难得的资源，浪费了真的很可惜。

Tips 小贴士

大自然是生命的本源，在大自然中孕育的孩子会更有活力、更健康、更有灵性，这是肯定的，请准妈妈关注这一点。

怀孕4个月
胎教要点

怀孕第4个月，准妈妈的腹部已经开始微微隆起，妊娠反应已基本消失，准妈妈的身心开始舒畅。此时的胎儿已经有了人的轮廓和外形，各器官的发育都接近完成阶段，胎儿可以在羊水中做不规则的运动。所以，从这个月开始，准妈妈就可以感觉到胎动了。

此期准妈妈的情绪开始好转，食欲也比以前有所增加，但由于此时的胎儿需要大量的养分，所以准妈妈要注意均衡合理地摄取各种营养素。由于子宫增大，很容易造成胎盘血流的灌注减少，所以准妈妈睡觉时应以左侧卧位为最佳。另外，准妈妈还要进行适量的运动，如散步、做孕妇体操、旅游等。准妈妈平时不要浓妆艳抹，以免对胎儿造成伤害，要选择宽松的衣服和平跟鞋，这对准妈妈及胎儿都有好处。

这个月的胎教内容主要是给予胎儿一些适当的刺激，如情绪胎教、音乐胎教、对话胎教、动作胎教和环境胎教等，让胎儿在母亲的子宫中开始活动，以利于胎儿的健康发育。

第13周
胎教计划

● 胎宝宝已经长出指纹

本周胎宝宝已有7厘米～8厘米长，体重将近23克。令人惊叹的是，尽管此时他仍然很小，却已经有指纹了。如果胎宝宝是个女孩，那么此时她的卵巢中已经有了大约200万颗卵子，但是到她出生时，卵子的数量就只剩下一半了。此时的胎宝宝生长非常迅速，他开始在子宫内不停地翻滚。当然，现在准妈妈还感觉不到他的存在。胎宝宝的神经系统和心血管系统基本发育完善，准妈妈如果悄声跟他说话，他可是可以感觉到的哦。

● 准妈妈的早孕反应逐渐消失

从这个月开始进入孕中期，准妈妈的早孕反应逐渐消失，食欲开始好转。流产危险期已经过去，准妈妈和胎宝宝都进入了安定期。

● 听力在胎教中的重要作用

胎儿的听觉器官由发育到成熟要经过几个时期，在第2个月末，外耳、中耳及内耳已有基本形态结构，但尚无听觉功能。在3～4个月时便开始有了听觉能力，4个月时，对来自外界的声音有所感知，而且胎儿听到的声音特别丰富，凡是能透过身体的声音，胎儿都可以感知到。到5～6个月时，胎儿的大脑皮质结构已经形成，有了能够接受外界刺激的物质基础，对外界的声音会有一定的反应能力，大脑开始对声音有了一定的记忆能力。从第6个月起，胎儿就具备听到声音的条件，听觉能力已发育到相当完备的程度，不仅能听到母亲的心跳，对来自外界的声音刺激能产生生理性反应，如眨眼、吃手、心律加强、打哈欠和转过头来等，如听到外界过响或不舒服的噪声或父母亲发怒的声音时，胎儿会有皱眉、猛地踢脚、不耐烦、显得烦躁等动作反应；听到熟悉的母亲的声音、父亲的爱抚的声音和优美的音乐时，会喜欢，显得安详，表现为舒服、安静地吸吮手指，轻轻踢脚等。

● 帮助胎儿建立记忆

孕中期是进行胎教的最佳时期。胎儿在听力、视力、皮肤感觉等能力发育的同时，记忆力会快速发展，虽然感官能力的发展依赖于记忆力的发育，但也会反过来促进记忆力更快地发展。如胎儿多次听到妈妈的声音后就会在脑中留下印象，这便是记忆的开始。有了记忆，下一次再听到妈妈的声音时，胎儿就会有熟悉感，会加深记忆，并对妈妈的声音做出欢迎、高兴的反应，就建立起了“感觉—记忆—反应”的机制，经常刺激这一机制，胎儿的大脑活动能力必然会增强。

● 情绪胎教：夫妻关系和谐，胎儿健康发育

早在我国的古代就有了胎教的存在，古人认为孕妇不良的情绪会对胎儿有影响，如在妊娠中看见火灾，会出生有红色胎疮的婴儿；拿取高处的物品，脐带会缠住胎儿脖子等。虽然古代的这些说法并没有什么科学的依据，但孕妇在妊娠期间避免遭受过大的惊吓或危险，保持良好的心情，会有利于

胎儿的健康发育。

根据英国产科学界研究，夫妻吵架，相处不好，对胎儿产生的不利影响比母亲患有高血压病对胎儿产生的不利影响大6倍，可见母亲情绪对胎儿的影响有多大。妊娠4个月时，胎儿大脑中枢内控制本能、欲望、心理状态的间脑或旧皮质部分已经形成，夫妻吵架时，如果用超声波来观看胎儿，可发现胎儿会有一些异常行为。因为当孕妇情绪不稳定时，间脑的激素就会变化，这时会通过母亲血液，经由胎盘流入胎儿血液中，再进入胎儿间脑，间脑受到刺激，就会让胎儿的行动产生变化。这种刺激的反应，对出生后的孩子影响甚大。一般来说，脾气较暴躁的孩子，其在母亲体内孕育时的家庭环境特别是父母关系往往不是很和谐。

丈夫应该体贴妻子，为了腹中胎儿安全，应尽量避免让妻子做吃力的家务劳动，减少妻子的负担。在怀孕期间多看可爱的婴儿照片会生出漂亮宝宝，倾听音乐可让将来的孩子具备音乐天赋，如果这样做能使准妈妈高兴，那也不失为一种良好的胎教。

● 运动胎教：陪胎宝宝“玩耍”

胎宝宝在子宫内的活动方式是丰富多彩的，如握拳、吸吮手指、吞咽羊水、蹬腿、翻身等。大量资料表明，对胎宝宝进行宫内运动训练，经常帮助胎宝宝活动，胎宝宝出生后动作的发展要比一般婴儿早些，也更灵活些。

这个月应继续进行运动胎教。准妈妈平卧在床上，全身尽量放松，先用手在腹部来回抚摩，然后用一手指轻按一下腹部再抬起，胎宝宝会马上做出反应。胎宝宝的反应速度有快有慢。如果遇到胎宝宝用力挣脱时，应立即停止，等过一段时间后，胎宝宝对准妈妈的动作熟悉了，准妈妈用手按压抚摩，胎宝宝就会主动迎上去，要求“玩耍”。开始时动作要轻，时间要短，当胎宝宝适应后，可稍延长训练时间，每次以5分钟为宜。

第14周 胎教计划

胎宝宝会做鬼脸了

胎宝宝大约像一只柠檬那样大，体重约43克。他的牙床上有了牙槽，20颗乳牙将会从这里长出。虽然他在出生前还不能发出任何声音，但是已经长出了小小的声带。

在大脑的指挥下，胎宝宝能做出一个又一个表情：他会斜眼看、皱眉，还会做鬼脸。虽然胎宝宝的手脚非常灵活好动，但此时准妈妈还感觉不到胎宝宝微弱的拳打脚踢。手指甲开始长出，而且会做抓的动作了。如果做个超声波扫描的话，也许还能看到胎宝宝吮吸自己的大拇指。

胎宝宝的肝脏在这一周开始分泌胆汁，这表明他的肝脏正常地发挥着自己的作用。脾脏也开始辅助制造红细胞了。肠子已经从脐带里移动到腹腔中，消化道的肌肉开始收缩。肾脏开始制造尿液，他把这些尿液排泄到包围着他的羊水里。

小贴士

本周胎宝宝的生殖器官开始呈现出男性或女性的特征，不过在做B超检查的时候还看不出来。

● 准妈妈的早孕反应消失

本周准妈妈的早孕反应逐渐消失，食欲开始好转，甚至是胃口大开。这个时期，准妈妈的状态基本稳定下来，讨厌的早孕反应消失了，并且发现自己走路的姿势发生了变化，更像个孕妇了。准妈妈和准爸爸要开始为分娩做各方面的准备工作了。此时，准妈妈所面临的一个最主要的问题是选择合适的分娩医院，这关系到准妈妈和宝宝将来的安全与健康。

● 外界声音是如何传递给胎儿的

胎儿漂浮在宫腔内的羊水中，外界传给胎儿的声波要穿过腹壁、子宫壁和羊水，经过这些障碍，声波的强度会减弱，经测试，一般减弱20分贝左右，但是声波的频率、声调和韵律不会发生明显的变化，依旧能传送给胎儿，所以胎儿都可以感知到。人体的血液、体液等液体传递声波的能力比空气要强得多，声音信息不断刺激胎儿听觉器官，并促进其发育。听觉在人体的智力发育中起着非常重要的作用。当胎儿具有了听觉后，美妙的音乐就是胎教最好的工具，音乐在胎教中所起的作用已被研究证实。

由于音乐是一种依赖直觉的艺术，又是对生理、心理有双重作用的艺术，在潜移默化之中，能对人的情绪、个性、品性、智力和身体的健康起塑造作用，是准妈妈与胎儿建立感情联系的纽带。神经生理学者认为，优美健康的音乐能促进准妈妈分泌酶和乙酰胆碱等物质，调节准妈妈血流量和使神经细胞兴奋，从而改善胎盘供血状况，促进胎儿发育。

● 音乐胎教：刺激胎宝宝的听觉器官

到怀孕的第4个月时，胎儿的听觉感受能力明显提高，已经能够听到外界的声音，也就能听到音乐了。

这一阶段，音乐胎教的目的是以音波刺激胎儿听觉器官的神经功能，以促进其更好的发育。这时准妈妈和胎儿听的胎教音乐内容可以丰富一些，种类可以多一些。胎教音乐的节奏宜平缓流畅，不带歌词，乐曲的情调应温柔甜美。准爸爸低音唱歌、大提琴独奏曲或低音歌声和乐曲之类，胎儿最容易接受。另外，准妈妈亲自哼唱歌曲会收到十分满意的效果。准妈妈每天可以哼唱几首自己喜爱的抒情歌曲，或优美而又富有节奏的小调、摇篮曲等。一方面，准妈妈在自己的歌声中陶冶了性情，获得了良好的胎教心境；另一方面，准妈妈在唱歌时产生的物理振动，和谐而又愉快，使胎儿从中得到感情上和感觉上的双重满足。

音乐胎教的具体方法同怀孕第3个月。

● 环境胎教：置身于大自然

胎儿在母体内长到4个月时，就有了种种感觉，如对声音刺激有了反应，当母体处在过分嘈杂的环境中，受到干扰的胎儿就会频频用蹬脚以示反感；视觉也有了一定的反应，当准妈妈腹部处于强光照射下时，大部分胎儿都会微微侧脸。此时的胎儿已经有了味觉，注射了糖汁的羊水被胎儿吸收的速度加快了1倍，相反，如向羊水注射带苦味的碘，胎儿吸收羊水的速度显著放慢。准妈妈吸烟时，胎儿的心脏也会随着母体心跳的加快而加速搏动，准妈妈吸烟过量，胎儿会在母腹中烦躁不安，甚至出现痉挛。由此可见，环境对胎儿的健康发育的重要性。因此，准妈妈要投入到大自然中去欣赏、去感受，让腹中的小宝宝早日受到美的熏陶。

大自然的美景能给人们带来欢乐，使人们的精神世界得到极大的丰富。大自然不仅可以开阔准妈妈的视野，对于母婴身体也大有益处。有一些准妈妈因怕伤风感冒而不敢开窗，人为地限制了新鲜空气的摄取。长此以往，不仅会使健康受损，也会对胎儿带来一定的负面影响。

俗话说，一天之计在于晨。对于准妈妈来说就更是如此。每一位准妈妈都应该克服自己的懒惰情绪，争取每日早些起床，到有树林或者草地的地方做操或散步，呼吸那里的清新空气。除早晨外，准妈妈在工作的休息时间也应到树木、草坪或喷水池边走走。此外，假日里与丈夫和亲朋好友一起去郊外游玩，也是一种呼吸新鲜空气的好方式。在欣赏秀丽的大自然田园景色的同时，胎宝宝也会受到益处——含氧丰富的血液会使宝宝像喝足水的“庄稼”一样茁壮成长，有时还会在母腹中手舞足蹈以表示开心呢！

第15周 胎教计划

● 胎宝宝会打嗝了

胎宝宝身长将近11厘米，体重70克左右。腿长得比胳膊长了，手指甲已经完全长成。所有的关节和四肢都能动了。此时，胎宝宝经常会打嗝。他无法发出任何声音，因为他的气管中充满了液体，而非空气。

● 准妈妈的子宫快速增大

此时，准妈妈的子宫会逐渐变大，从外表已经可以看出下腹部的突起。到这个月的月末，宫底达脐和耻骨联合上缘之间。此时子宫上升到骨盆上方，对膀胱的压迫减少。不过，因为支撑子宫的韧带被拉长，准妈妈会时常觉得腰酸。乳房的发育还在继续，乳头和乳晕呈深褐色，但相比前几个月，表现并不明显。有的准妈妈乳房已经开始分泌初乳。

● 如何实施语言胎教

准妈妈在进行语言胎教时，和进行抚摩胎教、音乐胎教一样，要先调理好自己的心情，放松全身肌肉，内心充满爱意及愉悦，学会让内心微微地笑。进行语言胎教时，首先把胎儿当成一个有生命活力、有兴趣选择、有能力的孩子来对待。实行语言胎教的内容和方法都要活泼生动、简明易感，适合胎儿用感觉器官来感知一切的特点，能刺激胎儿情感和引起胎儿兴奋。准妈妈进行语言胎教应采用与胎儿互动的形式，即准妈妈说话时必须自己是兴致勃勃的，选择的文学阅读材料是鲜活的、能引起自己兴趣的，如果准妈妈自己都觉得枯燥，效果一定不是理想的。

● 语言胎教：朗读《鸟鸣涧》

鸟鸣涧

人闲桂花落，
夜静春山空。
月出惊山鸟，
时鸣春涧中。

这首诗是唐代著名诗人王维山水诗中的代表作品之一。从文学创作的角度来赏析，这首诗的精妙之处在于“动”“静”对比衬托的诗情画意。首句“人闲桂花落，夜静春山空”，便以声写景，巧妙地采用了通感的手法，将“花落”这一动态情景与“人闲”结合起来。花开花落都属于天籁之音，唯有心真正闲下来，放下对世俗杂念的执着迷恋，才能将个人的精神提升到一个“空”的境界。

当时的背景是深夜，诗人显然无法看到桂花飘落的景致，但因为夜静，更因为观风景的人心静，所以他还是感受到了盛开的桂花从枝头脱落、飘下、着地的过程。而我们在诵读的同时也似乎进入了香林花雨的胜景。此处的“春山”还给我们留下了想象的空白，因是“春山”，可以想见白天的喧闹的画面：春和日丽、鸟语花香、欢声笑语。而此时，夜深人静，游人离去，白天的喧闹消失殆尽，山林也空闲了下来，其实“空”的还有诗人作为禅者的心境。唯其心境洒脱才能捕捉到别人无法感受的情景。

末句“月出惊山鸟，时鸣春涧中”，以动写静，一“惊”一“鸣”，看似打破了夜的静谧，实则用声音的描述衬托山里的幽静与闲适：月亮从云层中钻了出来，静静的月光流泻下来，几只鸟儿从睡梦中醒了过来，不时地呢喃几声，和着春天山涧小溪细细的流水声，更是将这座寂静山林的整体意境烘托在读者眼前，与王籍“蝉噪林愈静，鸟鸣山更幽”（《入若耶溪》）有异曲同工之妙。

“文章本天成，妙手偶得之”，这是一句古语，古来好诗都是就天成好景，用妙手记叙出来。而我们在低吟浅酌之时，脑海胸襟似乎也随着诗人的文字进入那片清幽绝俗的画面之中。

● 对话胎教：建立胎宝宝的安全感

根据研究发现，如果将小的麦克风放入子宫内，请准妈妈说话，最后录音的结果发现，准妈妈的声音会随着腹主动脉的血流清楚地传入子宫内。因此，胎儿最先听到的声音是准妈妈的声音。妊娠第4个月的胎儿，已经产生最初的意识，不仅准妈妈胸腔的振动可以传递给胎儿，准妈妈的说话声也可以被胎儿听到。

根据对胎儿分辨声音能力的实验，子宫内血液流动声可以让婴儿停止哭泣（55人中有7人）。成人心音对婴儿没有明显的影响，节拍器的高音部分却让许多新生儿大哭（52中有41人），这就是说，胎儿在母体时即有分辨声音的能力。刚出生的婴儿如果哭得非常厉害，只要把他放在母亲怀里（让他听母亲的血流脉动声音），倾听母亲慈爱的说话声，就可以使婴儿停止哭闹，这种做法目的是要再度唤起婴儿在子宫内的安全感。气候寒冷以及有刺眼光线的新世界，对刚出生的婴儿而言非常陌生，此时只有母亲温柔的声音，可以抚慰宝宝惊惶的心。如果在母亲体内经常听到母亲的声音，婴儿出生后对于母亲所说的话会有安全感。母亲对胎儿的爱，可以通过声音在妊娠期间建立起良好的联系，这就是我们所说的对话胎教。

对话胎教要求父母双方共同参与，父母可以给胎儿起一个中性的乳名，经常呼唤，使胎儿牢牢记住。如此，婴儿出生后哭闹再呼其乳名时，婴儿便会觉得来到子宫外的崭新环境并不陌生，有一种安全感，而很快地安静下来。同时，父母要把胎儿当作一个懂事的孩子，经常和他说话、聊天或唱歌谣给他听。这样，不仅能增进夫妻间的感情，还能把父母的爱传递给胎儿，对胎儿的情感发育具有莫大益处。对话的内容不宜太复杂，最好在一段时间内反复重复一两句话，以便使胎儿大脑皮层产生深刻的记忆。男性的低音是比较容易传入子宫内的，而且研究发现，胎儿比较喜欢这种低沉的声调，因此准爸爸要经常给胎儿唱歌、讲故事，同他说话。经过这种声音训练的胎儿出生后会很快适应新的生活环境。

Tips 小贴士

胎儿此时还没有记忆声音的能力，只能判断声音的规律以及高低起伏，因此，准妈妈要特别注意自己说话的音调、语气和用词，以便给胎儿一个良好的刺激印记。

第16周 胎教计划

胎宝宝会玩自己的脐带了

胎宝宝已经有一个大鳄梨那么大了，体重大约有100克，并且在接下来的3周时间里，他的体重还会翻倍，身长也会增加不少。他可能已经找到了他的第一件玩具——脐带，他喜欢对脐带又拉又抓。

准妈妈的基础体温开始下降

准妈妈的基础体温开始下降，逐渐呈低温状态并持续到分娩结束。阴道内的酸度降低，容易感染细菌，要注意保持清洁。供给胎宝宝血液、氧气和营养素的胎盘已经发育完善，且准妈妈与胎宝宝之间已有脐带连接，所以流产危险降低。到怀孕的第16周，体重可能已经增加了4.5千克。此时，准妈妈要开始做好孕期的体重控制。另外，可能会出现贫血、牙龈出血的问题。

Tips 小贴士

通常在16周周末，敏感的准妈妈已经能感受到宝宝的拳打脚踢了——第一次胎动。

● 准爸爸在语言胎教中的作用

准爸爸也要参与语言胎教，这对于有效进行语言胎教很重要。准爸爸的声音一般较厚重、雄浑、有磁性，胎儿听了会觉得舒服，会很喜欢。建议准爸爸有时间最好也能抚摩着胎儿并说些充满爱意、柔情的话语，不仅会使胎儿觉得舒服，还能使胎儿记住爸爸的声音和处事特点，加深胎儿出生后对爸爸的认同和感情，并培养出一些妈妈并不具备的性格、素质。专家们发现，准爸爸参与做语言、音乐、抚摩等胎教活动的胎儿，出生后对爸爸的声音很早便有辨别力，感情上也有较明显的亲近表现，日后对爸爸会更喜欢。

● 语言胎教的内容

语言胎教的材料建议选择适合低幼儿童阅读的童话故事，一些意境较美、文句浅显、读起来朗朗上口的中国古诗及一些意境优美、读起来节奏感强的、有韵味的散文和现代诗歌。准妈妈在用这类材料进行语言胎教时，一定要自己先读懂这些诗文，并沉浸到这些诗文的意境中去，然后再开始进行语言胎教。朗读时要尽可能读得流畅，因为胎儿是凭感觉韵律、节奏来记忆语言、产生兴趣的，否则就不会有感应。

具体方法是：

（1）可配合抚摩胎教进行语言胎教，在午睡或晚上睡觉前，躺下后，温柔地抚摩胎儿，并对胎儿说些柔情蜜语、充满爱意的话。

（2）说些表达日常生活内容的话语，语言胎教时间可不固定，对话内容可以根据日常生活随意安排，根据活动内容现场编排。

（3）选择简短语句并重复短句，将日常生活内容和表达感情的话语进行简化处理，然后经常性地对胎儿讲，以加深胎儿对这些话的印象，促进其记忆力和理解力。

（4）给胎儿朗读文学作品是语言胎教的一项内容，尤其是优美的散文和诗歌。准妈妈在阅读时最好自己先沉浸到文学作品所描绘的意境中去，然后以温和的语调来朗读，声音不用太高，轻轻的就可以。

（5）不要对语言胎教理解得太狭隘，以为语言胎教就是“让胎儿学会一样东西”，然后就像在学校里给孩子们上课那样，对胎儿进行僵化、死板的“授课”，这样会把胎儿当成被动的学习工具，胎儿会不喜欢。

● 语言胎教：朗读《春晓》

春　晓

春眠不觉晓，
处处闻啼鸟。
夜来风雨声，
花落知多少。

孟浩然，唐代诗人，以写田园山水诗为主，与另一位山水田园诗人王维合称为“王孟”。这首诗是诗人隐居在鹿门山时所做，意境十分优美。诗人抓住春天的早晨刚刚醒来时的一瞬间展开描写和联想，生动地表达了诗人对春天的热爱和怜惜之情。

此诗没有采用直接叙写眼前春景的一般手法，而是通过“春晓”（春天早晨）自己一觉醒来后瞬间的听觉感受和联想，捕捉典型的春天气息，表达自己喜爱春天和怜惜春光的情感。诗的前两句写诗人因春宵梦酣，天已大亮了还不知道，一觉醒来，听到的是屋外处处鸟儿的欢鸣。诗人惜墨如金，仅以一句“处处闻啼鸟”来表现充满活力的春晓景象。但人们由此可以知道就是这些鸟儿的欢鸣把懒睡中的诗人唤醒，可以想见此时屋外已是一片明媚的春光，可以体味到诗人对春天的赞美。正是这可爱的春晓景象，使诗人很自然地转入诗的第三、四句的联想：昨夜我在朦胧中曾听到一阵风雨声，现在庭院里盛开的花儿到底被摇落了多少呢？联系诗的前两句，夜里这一阵风雨不是急风暴雨，而当是轻风细雨，它把诗人送入香甜的梦乡，把清晨清洗得更加明丽，并不可恨。但是它毕竟要摇落春花，带走春光，因此一句“花落知多少”，又隐含着诗人对春光流逝的淡淡哀怨以及无限遐想。

这首诗之所以深受人们喜爱，除了语言明白晓畅、音调朗朗上口之外，还在于它贴近生活，情景交融，意味隽永。

● 语言胎教：朗读《池上》

《池上》是唐代著名诗人白居易创作的一首五言精编诗，创作基调为闲情偶寄，该作品文字洗练，内容通俗淡雅，是经典佳作之一。

池　上

小娃撑小艇，
偷采白莲回。
不解藏踪迹，
浮萍一道开。

白居易，唐代诗人，字乐天，号香山居士，今陕西渭南人。他的诗歌题材广泛，形式多样，语言平易通俗，有“诗魔”和“诗王”之称。

池塘中一个个大莲蓬，新鲜清香，多么诱人啊！一个小孩儿偷偷地撑着小船去摘了几个，又赶紧划了回来。他还不懂得隐藏自己偷摘莲蓬的踪迹，自以为谁都不知道；可是小船驶过，水面原来平铺着的密密的绿色浮萍分出了一道明显的水线，这下子泄露了他的秘密。

这首诗好比一组镜头，摄下一个小孩儿偷采白莲的情景。从诗的小主人公撑船进入画面，到他离去只留下被划开的一片浮萍，有景有色，有行动描写，有心理刻画，细致逼真，富有情趣；而这个小主人公的天真、活泼淘气的可爱形象，也就栩栩如生，跃然纸上了。

怀孕5个月
胎教要点

从怀孕的第5个月开始，胎儿的增长速度增快，各器官的发育已经基本完成，此时的胎儿已经有正常足月儿的1／2大了。准妈妈已经能够明显地感觉到胎动，真正感觉到小生命的存在了。

这个月是胎儿大脑开始形成的时期，准妈妈在这个时期应该注意从饮食中充分摄入对脑发育有促进作用的食品，如水果、核桃、芝麻等，以利胎儿脑组织的发育。此期，妊娠反应完全消失，胎儿也已经比较稳定，所以准妈妈可适当地增加运动量。从妊娠中期开始，准妈妈及家人要做好孕期的保健监护，以便及时发现胎儿的异常情况，及时处理。此期准妈妈做产前诊断，对胎儿的健康发育是很重要的。

从妊娠中期开始，是胎教的重要时期，胎儿的各种器官都已经发育得比较完善，所以此期要从各方面对胎儿进行胎教训练。这个时期的胎教内容主要有：运动胎教、音乐胎教、对话胎教、情绪胎教、故事胎教、艺术胎教和环境胎教等。

第17周 胎教计划

● 胎宝宝的活动能力大大增强

胎宝宝将近13厘米长，体重约有140克。骨骼和肌肉开始发育，肢体的活动能力增强，可有明显的胎动，更容易被准妈妈感觉到。运动神经和感觉神经进一步发育，出现肌肉的细微活动。神经元数量的增长开始减慢，但是神经元之间的相互连通开始增多。

用一般听诊器即可在准妈妈的腹部听到强而有力的胎心音。肝脏开始造血；循环系统和泌尿系统完全进入正常的工作状态；肺也开始工作，他已经能够不断地吸入和吐出羊水了；味蕾也在逐渐形成。

● 准妈妈的外貌和形体都发生了较大变化

本月准妈妈在外貌和体形上都出现了较大的变化：子宫的增大使下腹部明显隆起，子宫底的高度与肚脐平齐。即使吃得不多，体重也会迅速增加。乳房、臀部更加丰满，皮下脂肪增厚。

● 运动胎教："跟胎宝宝"做游戏"

从这个月开始，可以同胎儿玩"踢肚游戏"。方法是：胎儿开始踢准妈妈肚子时，准妈妈要轻轻拍打被踢的部位，然后待第二次踢肚；一般情况下，1～2分钟后胎儿会再踢，准妈妈再轻拍几下然后停下来；待胎儿再次踢肚的时候，准妈妈可改换拍的部位，胎儿会向准妈妈改变的地方去踢，必须注意改变的位置不要离胎儿一开始踢的地方太远。据专家测定，经过这种胎教游戏玩耍的胎儿生下来，开始站立和走路的时间都会早一些，手脚也较灵敏，而且不爱啼哭，在听、说和使用语言方面都会获得最高分，而且有助于宝宝的智能发展。这种游戏每天早晚共进行2次，每次3～5分钟。

● 音乐胎教：促进宝宝感觉器官的发育

怀孕的第5个月，胎儿的器官和组织正在迅速发育，并在功能上逐渐完善，能对各种外界刺激做出反应，此时生活在母亲子宫中的胎儿已经是一个能听、能看、有各种感觉的小生命，具备了接受教育的基础。而此时的准妈妈已经度过了妊娠反应时期，身体和心理上都处于一个很稳定的时期，有足够的精力与胎儿进行沟通交流。所以，此时是对胎儿进行胎教的最佳时期，不仅可以促进胎儿的各种感觉器官和大脑的发育，而且有利于今后形成良好的性格。科学研究已表明，一个人的性格和气质特点有很多都取决于胎儿在母体里所获得的信息。

除了听音乐外，准妈妈还可通过自己的哼唱让腹中的胎儿欣赏音乐，并进行“学习唱歌”。胎儿有听觉，但毕竟不能唱。准妈妈应充分合理地发挥自己的想象，让腹中的宝宝神奇地张开蓓蕾似的小嘴，跟着你的音律和谐地唱起来。准妈妈可先练音符的发音或简单的乐谱，这样可使胎儿易学易记，一教即会。比如1234567、7654321，反复轻唱若干遍。每唱完一个音符，等待几秒钟，这几秒钟即是胎儿唱的时间，而后依次进行。

● 发挥联想养胎的优势

联想养胎就是想象美好的事物，使准妈妈自身处于一种美好的意境中，再把这种美好的情绪和体验传递给胎儿，这也是养胎的一种重要形式。准妈妈千万要注意，由于联想对胎儿具有一定的干预作用，准妈妈的联想内容十分重要，内容美好的联想无疑会对胎儿产生美的熏陶，内容不佳的联想则会起到反面作用，或把本不想传递给胎儿的信息传递给了胎儿。在日常生活中，少数准妈妈由于怀孕后身体不适而出现对胎儿怨恨的心理，以及产生不好的联想感受，此时的胎儿在母体内就会意识到妈妈的不良感受，从而引起精神上的异常反应。许多专家认为，在这种情况下发育的胎儿出生后大多数会有情感障碍，出现感觉迟钝、情绪不稳、易患胃肠疾病、体质差等现象。因此，准妈妈必须在孕期排除不良的意识和联想，尽量多想些美好的事情，将善良、温柔的母爱充分体现出来，从各方面爱护关心胎儿的成长。

● 语言胎教：朗读《荷塘月色》

《荷塘月色》是中国著名文学家朱自清任教清华大学时所写的一篇散文，是现代抒情散文的名篇，因收入中学语文教材而广为人知。

荷塘月色

这几天心里颇不宁静。今晚在院子里坐着乘凉，忽然想起日日走过的荷塘，在这满月的光里，总该另有一番样子吧。月亮渐渐地升高了，墙外马路上孩子们的欢笑，已经听不见了；妻在屋里拍着闰儿，迷迷糊糊地哼着眠歌。我悄悄地披了大衫，带上门出去。

沿着荷塘，是一条曲折的小煤屑路。这是一条幽僻的路；白天也少人走，夜晚更加寂寞。荷塘四面，长着许多树，蓊蓊郁郁的。路的一旁，是些杨柳，和一些不知道名字的树。没有月光的晚上，这路上阴森森的，有些怕人。今晚却很好，虽然月光也还是淡淡的。

路上只我一个人，背着手踱着。这一片天地好像是我的；我也像超出了平常的自己，到了另一世界里。我爱热闹，也爱冷静；爱群居，也爱独处。像今晚上，一个人在这苍茫的月下，什么都可以想，什么都可以不想，便觉是个自由的人。白天里一定要做的事，一定要说的话，现在都可不理。这是独处的妙处，我且受用这无边的荷香月色好了。

曲曲折折的荷塘上面，弥望的是田田的叶子。叶子出水很高，像亭亭的舞女的裙。层层的叶子中间，零星地点缀着些白花，有袅娜地开着的，有羞涩地打着朵儿的；正如一粒粒的明珠，又如碧天里的星星，又如刚出浴的美人。微风过处，送来缕缕清香，仿佛远处高楼上渺茫的歌声似的。这时候叶子与花也有一丝的颤动，像闪电般，霎时传过荷塘的那边去了。叶子本是肩并肩密密地挨着，这便宛然有了一道凝碧的波痕。叶子底下是脉脉的流水，遮住了，不能见一些颜色；而叶子却更见风致了。

月光如流水一般，静静地泻在这一片叶子和花上。薄薄的青雾浮起在荷塘里。叶子和花仿佛在牛乳中洗过一样；又像笼着轻纱的梦。虽然是满月，天上却有一层淡淡的云，所以不能朗照；但我以为这恰是到了好处——酣眠固不可少，小睡也别有风味的。月光是隔了树照过来的，高处丛生的灌木，落下参差的斑驳的黑影，峭楞楞如鬼一般；弯弯的杨柳的稀疏的倩影，却又像是画在荷叶上。塘中的月色并不均匀；但光与影有着和谐的旋律，如梵婀玲上奏着的名曲。

荷塘的四面，远远近近，高高低低都是树，而杨柳最多。这些树将一片荷塘重重围住；只在小路一旁，漏着几段空隙，像是特为月光留下的。树色一例是阴阴的，乍看像一团烟雾；但杨柳的风姿，便在烟雾里也辨得出。树梢上隐隐约约的是一带远山，只有些大意罢了。树缝里也漏着一两点路灯光，没精打采的，是渴睡人的眼。这时候最热闹的，要数树上的蝉声与水里的蛙声；但热闹是它们的，我什么也没有。

忽然想起采莲的事情来了。采莲是江南的旧俗，似乎很早就有，而六朝时为盛；从诗歌里可以约略知道。采莲的是少年的女子，她们是荡着小船，唱着艳歌去的。采莲人不用说很多，还有看采莲的人。那是一个热闹的季节，也是一个风流的季节。梁元帝《采莲赋》里说得好：

于是妖童媛女，荡舟心许；鷁首徐回，兼传羽杯；櫂将移而藻挂，船欲动而萍开。尔其纤腰束素，迁延顾步；夏始春余，叶嫩花初，恐沾裳而浅笑，畏倾船而敛裾。

可见当时嬉游的光景了。这真是有趣的事，可惜我们现在早已无福消受了。

于是又记起《西洲曲》里的句子：

采莲南塘秋，莲花过人头；低头弄莲子，莲子清如水。今晚若有采莲人，这儿的莲花也算得"过人头"了；只不见一些流水的影子，是不行的。这令我到底惦着江南了。——这样想着，猛一抬头，不觉已是自己的门前；轻轻地推门进去，什么声息也没有，妻已睡熟好久了。

1927年7月，北京清华园

作者带着淡淡的忧愁走出家门，趁月色出来散心，顺着幽静的小路一路走来，自然而然地来到了日日经过的荷塘边，一去看那月下的荷塘。月色下的荷塘是那样的美，比之白天又别有一番风致。荷叶是亭亭的如舞女的裙，可以想象荷叶随风起舞时婆娑婀娜的美妙身姿；而点缀其间的白色的荷花，不禁让人想起它出淤泥而不染的特性。荷花又是形态各异的："有袅娜地开着的，有羞涩地打着朵儿的；正如一粒粒的明珠，又如碧天里的星星，又如刚出浴的美人。"用上"袅娜、羞涩"二词，在作者的眼里荷花俨然已是仙子一般了。作者用细致的工笔和绝妙的比喻，对荷叶的形神、荷花的资质进行一番令人神往的描绘，荷花、荷叶的优美形象似已展现眼前。

这还不是最美的，一缕"微风"让这幅极美的荷花图动了起来："微风过处，送来缕缕清香，仿佛远处高楼上渺茫的歌声似的。这时候叶子与花也有一丝的颤动，像闪电般，霎时传过荷塘的那边去了。叶子本是肩并肩密密地挨着，这便宛然有了一道凝碧的波痕。叶子底下是脉脉的流水，遮住了，不能见一些颜色：而叶子却更见风致了。”霎时，荷香如歌，似有若无，花叶颤动，流波溢彩，叶、花、形、色、味浑然一体。人也在微风中全身心地沉醉在这荷塘美景之中了。

而这似乎还不够极致！再看看塘上的月色：“月光如流水一般，静静地泻在这一片叶子和花上。薄薄的青雾浮起在荷塘里。叶子和花仿佛在牛乳中洗过一样；又像笼着轻纱的梦。”叶下的流水被密密的叶子遮住了，不能看见，而叶上“如流水”一般的月光却在“静静地泻”着，一个“泻”字，化静为动，使人看到了月光的流动感；“薄薄的青雾浮起在荷塘里”，一个“浮”字又突出了雾的轻飘朦胧。叶子和花在薄雾笼罩下，迷迷蒙蒙，仿佛在牛乳中洗过一样，如梦似幻。月色迷蒙柔和、薄雾轻笼飘浮，这月下的荷塘真是恍如仙境了！满月而有淡淡的云雾，给人的感觉如“小睡”一般，正如作者此时的心境，却是恰到好处。作者在这里无意中流露出了淡淡的喜悦。

“弯弯的杨柳的稀疏的倩影，像是画在荷叶上。”杨柳的倩影不是“投”在荷叶上，作者偏偏用了一个“画”，仿佛是一位绘画高手在泼墨挥毫、精心描绘一般，使投在荷叶上的影子贴切自然、美丽逼真，富有情趣。

“光与影有着和谐的旋律，如梵婀玲上奏着的名曲。”月色清淡，黑白相间的光和影犹如和谐的旋律，荷香缕缕，水乳交融，作者如此细腻入微的感受真是令人如痴如醉!

这美丽的景色可以让作者忘记自己的忧愁了吧？但是“热闹是它们的，我什么都没有”。作者还是无法摆脱那一缕愁绪，淡淡的哀愁与淡淡的喜悦相互交织，给优美的月下荷塘披上朦胧的轻纱，清幽淡雅、安谧柔和、朦胧和谐，荷塘与月色融为了一体!

读着朱自清先生的《荷塘月色》，便宛若置身荷塘一般，仿佛在那幽径上走着的是自己了。那亭亭碧绿的荷叶，那婀娜多姿的荷花，月色迷蒙、薄雾缭绕的荷塘便又展现在眼前。

● 语言胎教：故事《蝉和蚁》

蝉和蚁

我们大多数人对于蝉的歌声总是不大熟悉的，因为它住在生有洋橄榄树的地方。但是凡读过拉封敦的寓言的人大概都记得蝉曾受过蚂蚁的嘲笑吧，虽然拉封敦并不是谈到这个故事的第一人。

故事上说：整个夏天，蝉不做一点儿事情，只是终日唱歌，而蚂蚁则忙于储藏食物。冬天来了，蝉为饥饿所驱，只有跑到它的邻居那里借一些粮食，结果它遭到了难堪的待遇。

骄傲的蚂蚁问道："你夏天为什么不收集一点儿食物呢？"蝉回答道："夏天我歌唱太忙了。"

"你唱歌吗？"蚂蚁不客气地回答，"好啊，那么你现在可以跳舞了。"然后它就转身不理蝉了。

这个寓言是造谣，蝉并不是乞丐，虽然它需要邻居们很多的照应。每到夏天，它们成队地来到我的门外唱歌，在两棵高大筱悬木的绿荫中，从日出到日落，那粗鲁的乐声吵得我头脑昏昏。这种震耳欲聋的合奏，这种无休无止的鼓噪，使人任何东西都想不出来了。

有的时候，蝉与蚁也确实打一些交道，但是它们与前面寓言中所说的刚好相反。蝉并不靠别人生活，它从不到蚂蚁门前去乞食，相反地，倒是蚂蚁为饥饿所驱哀求这位歌唱家。我不是说"哀求"吗？这句话还不确切，其实它是厚着脸皮去抢劫的。

七月时节，当我们这里的昆虫为口渴所苦，失望地在已经枯萎的花上跑来跑去寻找饮料时，蝉则依然很舒服，不觉得痛苦。用它突出的嘴——一个精巧的吸管，尖利如锥子，通常收藏在胸部——刺穿饮之不竭的圆桶。它坐在树的枝头，不停地唱歌。只要钻通柔滑的树皮，里面有的是汁液。吸管插进树皮孔，它就可饮个饱了。

最坏的罪犯要算蚂蚁了。我曾见过它们咬紧蝉的腿尖，拖住它的翅膀，爬上它的后背，甚至有一次一个凶悍的强盗，竟当着我的面抓住蝉的吸管，想把它拉掉。

你看，真正的事实不是与那个寓言相反吗？蚂蚁是顽强的乞丐，而勤苦的生产者却是蝉呢！

摘自法布尔《昆虫记》

第18周 胎教计划

胎宝宝开始长头发了

这一周胎宝宝的体重增至190克左右。如果是个女孩，她的阴道、子宫和输卵管已经长好；如果是个男孩，他的生殖器已经长出来能看到了。胎宝宝全身的皮肤由透明的深红色变为不太透明的红色，皮下开始储存脂肪。从头、面部开始，全身逐渐被汗毛所覆盖，头上长出少量的头发。

准妈妈的乳房明显变大

准妈妈的乳房明显变大了，乳头和乳晕（乳头周围的一圈皮肤）的颜色变深。乳晕周围出现了小突起，这些小突起叫作"蒙哥马利结"。它们会分泌一种油性物质，能在哺乳期间保持乳头的清洁和润滑，并保护乳头免受感染。

此时大多数准妈妈已经进入预备母亲的角色，很多准妈妈、准爸爸对胎儿讲话已经成为习惯，希望腹中的宝宝能够听懂自己的期待和爱。

给胎儿讲什么都可以

准妈妈要每天与胎儿交流，只要是心里想到的，随时都可以给胎儿讲。

唯一要把握的是，无论给胎儿讲什么，都必须把你和丈夫对宝宝的爱传递给胎儿。

工作压力大时，日子过得不顺心时，都可以试着和胎儿对话。说说你的感受，表达你对宝宝的爱。用慈爱而真诚的语调，以浅显易懂的语言跟胎儿讲话。

如果在外边不方便，也可以改成心中默念。丈夫或其他人想与胎儿说话时，也应尽量鼓励他们跟胎儿讲话。丈夫不在家时，可把丈夫的录音放给胎儿听。生活中时时处处都有胎教的课堂和教材，就看你是否对胎儿倾注了全部爱心、耐心和信心。

● 边讲边观察胎儿的反应

进行故事胎教时，准妈妈可以选择自己喜欢的一则童话故事和适合胎儿的两首诗歌，内容要丰富、生动、令人快乐，最好是充满爱心与祥和气息的故事。此外，不要选择用10分钟以上才能念完的故事。因为两三天后，你就不愿意再念这么长的故事了。最好选择有插图的小故事。

夫妻也可以选择不同的故事，每天轮流读给胎儿听。大约过一个月，就要注意观察胎儿是否对故事中的某些句子有特殊反应。比如，你讲故事的时候，胎儿是否很安静？是否在讲到某些特殊句子时胎儿踢肚子？当然，这并不表示胎儿理解句子的意思，也许只是胎儿对不同声调的反应。也可以换个故事读，看看胎儿的反应会不会起变化？对你和丈夫的声音，胎儿是否有不同的反应？

但是，不要过分期待胎儿的反应，更不必因为胎儿没有回应而担心。应该相信，每天传给胎儿的声音，必然会一点一滴地提高胎儿对语言的感受力。

● 语言胎教：故事《咕咚来了》

咕咚来了

一只可爱的小白兔，住在美丽的湖边。湖边种了一棵木瓜树。有一天，小白兔正在湖边玩耍时，忽然听见“咕咚”一声，吓得小白兔撒腿就跑。

小狐狸碰上了小白兔就问：“小白兔，你怎么了？”小白兔边跑边回答：“咕咚来了，快跑呀！”小狐狸吓得也跟着跑了起来，慢慢地，森林里的动物越来越多，有小鹿、松鼠、大象等。

他们的跑声惊动了正在睡觉的森林之王狮子，狮子大吼了一声问：“你们怎么了，出了什么事情？”这个时候大家才你看我我看你，不明白到底是怎么回事。后来小白兔讲：“湖边好像有一个可怕的怪物，我听到它的声音咕咚、咕咚的，就把我吓跑了。”狮子就说：“大家跟我来，我不相信谁比我还厉害。”大家纷纷跟着狮子来到了小白兔的家，在这时又听到“咕咚”一声，大家一看原来是成熟的木瓜掉到湖里了。大家互相看着对方大笑了起来，原来是虚惊一场。

第19周 胎教计划

● 胎宝宝的神经细胞正在快速发育

本周胎宝宝身长约15厘米，体重约为240克。各种感官——味觉、嗅觉、听觉、视觉和触觉都通过神经细胞来发挥作用。此时，这些神经细胞正在胎宝宝的大脑中各自特定的区域内发育。

● 准妈妈可以感觉到胎动了

虽然胎宝宝很早就开始在子宫内活动，但大多数准妈妈在这个月才开始感觉到胎动。

此时准妈妈在外形上开始出现变化，比如鼻子会比孕前变红变大些，手指头变粗，再宽大的衣服也难遮盖日益丰盈的体形。准妈妈良好的精神状态是健康生产的关键。

● 胎教时间的选择

如果是进行音乐胎教，时间选择在准妈妈傍晚临睡前比较合适。一般聆听20分钟左右，最好不要超过30分钟，播放音乐的机器放置在距离腹部2厘米～5厘米处，音量不要过大，以防止损害宝宝的听力。如果想和胎宝宝进行交流，比如说说话、摸摸胎宝宝的身体，在任何时间和地点都可以进行。建议准妈妈选择相对安静的环境，以达到满意的效果。

● 情绪胎教：带给胎宝宝良性的刺激

要想使胎宝宝发育得好，应该从外部给予他良好的刺激，这一点非常重要。所谓良好的刺激，并不是指什么特殊的刺激，只要准妈妈每天保持一个良好的心情就可以了。当准妈妈心情好的时候，就会产生许多激素，如促进神经细胞发育的生长激素、刺激快感的多巴胺等，这些激素相互协作，能为胎儿的发育提供良好的刺激。当胎儿感受到良好的刺激就会产生快感，从而促进自身分泌可以促进细胞活动的激素，使胎儿血流旺盛，脑细胞活动更加活跃。

此期的准妈妈可以通过到大自然中去散步，欣赏一些优美的图画，或者听一些悦耳的音乐等方式，使自已保持良好的心境，准妈妈拥有良好的情绪是胎教的最高境界。

到了怀孕的第5个月，胎儿已经具备听的能力了，虽然胎儿还听不懂话的具体含义，但通过声调的强弱，胎儿已可以敏感地感知妈妈的心情。实验表明，在母猴肚子里一直听嘈杂声音长大的小猴，在成长过程中也会表现出毛躁的特点，并且常常会情绪不稳定。胎儿对妈妈的声音反应很敏感，如果听到歇斯底里的声音，可能引起胎儿血压的大幅波动，甚至会导致贫血。如果怀孕期间夫妻经常吵架，孩子出生后情绪往往不稳定。

同房不仅能确认准妈妈和丈夫的爱，使准妈妈有安定的好心情，而且胎儿的心情也会很好。由于胎儿在这个时期具有听力，所以，有的人担心同房的情形被胎儿听见，其实这是杞人忧天。有的女性在知道妊娠后，会紧张地对同房采取慎重的态度，这种精神方面的焦躁会传达给胎儿的。

小贴士

胎儿是在感受着准妈妈的情绪度过每一天的，他不能拒绝不良的情绪，也不能让自己喜欢的情绪重放，只有靠准妈妈的选择。了解了这一点，准妈妈就要考虑到胎儿的感受，对胎儿始终充满爱心，始终拥有一份平和的心情，这种情绪会给胎儿带来良好的刺激，使胎儿更加健康地发育、成长。

● 故事胎教：为胎宝宝插上想象的翅膀

为了培养孩子丰富的想象力、独创性以及进取精神，准妈妈可以选择一些色彩丰富、富于幻想内容的幼儿画册，利用画册作教材进行故事胎教，只要适合胎儿成长的主题都可以采用。

可以将画册中每一页所展示的幻想世界，用你富于想象力的大脑放大并传递给胎儿，从而促使胎儿心灵健康成长。一定要注意把感情倾注于故事的情节中去，通过语气声调的变化，使胎儿了解故事是怎样展开的，一切喜怒哀乐都将通过富有感情的声调传递给胎儿。而且，不仅仅是朗读，对这些语言要通过你的五官使它们形象化，以便更具体地传递给胎儿，因为胎儿对你的语言不是用耳朵而是用脑来接受的。单调和毫无生气的声音是不能唤起胎儿的感受的。

● 语言胎教：准爸爸讲故事

胎宝宝最喜欢准爸爸的声音，除了跟宝宝对话、给宝宝唱歌外，本周准爸爸就来为胎宝宝讲个有趣的故事吧。

春天过去了。

小鼹鼠盼望着第一阵夏雨的到来。他天天盼。

一个闷热的午后，小鼹鼠在洞里睡熟了，睡得好熟好熟。一声低沉的雷声，没有能惊醒他；一阵沙沙的大风，也没有惊醒他。紧接着，小鼹鼠盼望了好久的夏雨哗啦哗啦地来了。

等到小鼹鼠睡醒了，它听到洞外仿佛有雨声，便一阵风似的冲了出去。

可是，晚了。雨停了，风停了，太阳公公从一朵云后面探出脸来，朝小鼹鼠笑着。

小鼹鼠笑不出来，它快要哭了，他好伤心。

这时，一只小黑熊走了过来，当它问清了小鼹鼠为什么不高兴时就笑了。

它领着小鼹鼠来到一棵梧桐树下，小黑熊说：

“准备着吧，鼹鼠先生，今年的第一场夏雨来了！”说完，就使劲地摇着梧桐树。停在树叶上的水珠儿哗啦哗啦地落下来，就跟密密麻麻的雨点儿一样。

小鼹鼠抬着头，张开双臂喊了起来：

“哦，第一场夏雨来了，真凉快，真舒服啊！”雨点儿把小鼹鼠淋了个痛快，小黑熊自己也湿透了。

小鼹鼠对小黑熊说：“谢谢你，小黑熊。你送给了我一阵雨，一阵躲在树上的夏雨！”

音乐胎教：欣赏《小夜曲》

美国、日本、德国、韩国等发达国家的研究表明，莫扎特音乐与人体神经有独一无二的微妙感应，孕育期听过莫扎特音乐的宝宝，对声音、画面、气味的空间感觉更早、更准确，记忆外部刺激的能力也更强，莫扎特的音乐能刺激胎宝宝大脑成长，培养宝宝的多种智力和各项潜能。

《第十三号小夜曲》又叫《G大调弦乐小夜曲》，是18世纪中叶器乐小夜曲的典范，莫扎特于1787年8月24日在维也纳完成。最早为弦乐合奏，后被改编为弦乐五重奏和弦乐四重奏，尤以弦乐四重奏最为流行，是莫扎特所作十多首组曲型小夜曲中最受欢迎的一首。

这首乐曲原有5个乐章，后第二乐章因故失传，所以现存只有4个乐章。

第一乐章，快板，G大调，4/4拍，是一首完整的小奏鸣曲。第一主题开门见山，以活泼流畅的节奏和短促华丽的八分音符颤音，组成了欢乐的旋律，其中充满了明朗的情绪色彩和青春气息；随后是轻盈的舞步般旋律。

第二乐章，行板，G大调，2/2拍，抒情的浪漫曲。音乐开头乐队奏出简易、动听如歌的主题，旋律温柔恬静，犹如轻舟荡漾，充满了绵绵情思。

第三乐章，小快板，G大调，3/4拍，小步舞曲。主题节奏鲜明，旋律流畅，充满了青春的活力。

第四乐章，回旋曲，G大调，快板，4/4拍，主题是一首威尼斯流行歌曲，旋律明澈流丽，跳荡着无忧无虑的情感，象征着幸福完美的爱情。它在该乐章中共出现5次，每次都做了调性变化。最后仍重复这一主题，结束全曲。

第20周 胎教计划

● 胎宝宝开始长出皮脂

本周胎宝宝从头顶到臀部的长度约有16.5厘米。一种呈白色、光滑的脂肪状物质开始覆盖在他的身体表面，这种物质叫作胎宝宝皮脂。胎宝宝长期浸泡在羊水中，这种物质有助于保护他的皮肤，还能帮助他顺利地出生。

● 准妈妈的体态更加丰盈

由于怀孕，准妈妈的生理会发生一些变化：鼻子里的毛细血管承受的压力增大，准妈妈可能会流鼻血；清晨刷牙时牙龈也可能出血；阴道局部充血，宫颈分泌功能旺盛，阴道分泌物继续增多。由于关节、韧带的松弛，准妈妈还会感到腰背酸痛。准妈妈还可能会感到气短，随着子宫的增大，向上挤压肺部，这种现象会越来越严重，直到36周胎宝宝下降到骨盆中之后才会渐渐消失。

● 让胎儿感受美学

学习一点儿美学知识，不仅能提高审美能力，培养审美情趣，而且可以美化人的内心世界。准妈妈学点儿美学知识，能陶冶情趣，改善情绪，使胎儿置身于美好的母体内外环境中，受到“美”的熏陶。

准妈妈学习美学知识，不在于学到什么程度，关键是能从中感到“美”的享受。学习庭院布置、宝宝装和孕妇装的设计、编织、烹调技术及美容护肤等，其中都不乏美学知识。有些准妈妈在怀孕初期就和丈夫一起在庭院里种上西红柿、黄瓜以及花草，在房间贴上美丽聪慧的婴儿像；有的自己设计缝制宽松而优雅的孕妇装，穿着舒适而高雅；有的利用家里旧的针织物，给宝宝改做小背心，给宝宝织毛衣、毛袜；有的利用闲暇时间学习新的烹饪技术，做可口的饭菜，供全家享用；有的还学习一些美容知识，了解孕期皮肤特点及化妆品的种类；等等。

这些都是很容易做到的事，而且，对母子的影响都是很深远的。准父母不要因为工作忙没时间，而忽略了这些事情。

艺术胎教：为胎宝宝读一本书

我国古代胎教理论认为，孕妇在怀孕期间的所作所为可以直接对胎儿造成影响，因此规定了许多孕妇在怀孕期间的注意事项。当今，世界上许多国家的研究人员也争相注意对这个问题的研究，目前有研究结果显示，胎儿在母体内是可以感受到母亲的举动和言行的，母亲的举止可以直接影响到胎儿出生后的性格、习惯、道德水平、智力等各个方面。这不仅可以从母亲输送给胎儿血液中的化学物质的变化看出来，也可以从孕妇从事体力劳动引起胎动异常的感觉中体会到。这些都证实了我国古代胎教理论的科学性。

因此，准妈妈应该在学识、礼仪、审美、情操等各方面全面发展，既可提高自己在各方面的修养，又对胎儿进行了良好的胎教。最好的方法是读书，读一些伟大人物的传记、优美的诗歌、儿歌、令人神往的童话和神话、鼓励人向上的世界名著、著名的山水和名胜古迹的游记以及精美的画册等，从中可以感受到大自然母亲般的胸怀，从书中对人世间一切美好事物的描写中体会到世界的温馨。这不仅可以使准妈妈本身得以充实、丰富，同时熏陶了腹中的宝宝，让他也感受这诗一般的语言、童话一样美的仙境，而且还会刺激胎儿快速地生长，使其大脑的发育优于其他胎儿。由于这种胎教使胎儿事先拥有了朦胧美的意识，出生后一般也较其他婴儿聪慧、活泼、可爱，孩子与母亲的关系会因此而备感亲密。

一位哲人说过："读一本好书，就像是与一位精神高尚的人在谈话。那精辟的见解和分析、丰富的哲理、风趣幽默的谈吐，都会使人精神振奋、耳目一新。"所以在读书时也要有所选择，一些不好的书籍，如黄色书刊、趣味低下的街头画册、思想过于低沉的书等，会使准妈妈长期处在不良的精神状况中，对胎儿的发育极为不利。因此，准妈妈应该选择一些语言优美、引人入胜的文学作品，会得到好的艺术胎教效果。

● 对话胎教：陪胎宝宝"聊天"

妊娠20周时，胎儿的听觉功能已经完全建立，因此父母说话时一定要注意，别忘了还有一个小生命在聆听，所以说话时要语调轻柔，充满感情，避免讲一些对胎儿发育不利的话语。另外，说话时还要同胎宝宝进行搭话，和胎儿搭话是十分重要的，可以使胎宝宝有一种安宁感，对胎宝宝出生后加强母与子、父与子之间的感觉极为有益。

准妈妈可以对胎宝宝讲每天喜闻乐见的事，也可以给胎儿朗读一些笔调清新优美的散文和诗歌，以及讲故事，声音要亲切、柔和、明朗，特别是讲故事时应该绘声绘色。如果已经为胎儿起好了小名，准妈妈可随时随地地呼唤他，与胎儿说一些日常语言，如"你好，明明""晚安，明明"；下班的时候可以说"明明，爸爸回来了"；如果胎儿活动激烈，准妈妈受不了时，准爸爸就可以用手轻轻抚摩准妈妈的腹部，说："我的乖明明，妈妈受不了，你不要太用力，好吗？"胎儿出生后，再听到妈妈的呼唤自己时会感到熟悉和亲切，在新环境中不会感到紧张和不安，有利于从心理上尽快适应，并可促进胎儿出生后语言的发展。

● 环境胎教：给胎宝宝提供舒适的"温床"

前面已经说过，环境胎教分妊娠的内、外环境教育。外环境指的是温馨的家庭气氛、良好的居住环境、景色优美的自然环境；内环境即指母体子宫内的安静环境以及准妈妈的良好身体状况等。外环境胎教在前面的月份胎教中已经讲过，这里不再多述，准妈妈可参考前面的相关内容，这里主要讲内环境胎教。

妊娠过程中胎儿能否正常生长发育，除了与父母的遗传基因、孕育准备、营养因素有关外，还与孕妇在妊娠期间的内外环境有着密切的联系。但鉴于在此只讲内环境胎教，所以为了保证胎儿的健康发育，准妈妈此时应该避免有害物质的伤害，如放射线、化学物品、农药等，以免体内环境发生异常变化，使胎儿赖以生存的内环境遭到破坏；体弱患病的准妈妈应及时诊治疾病，以确保身体健康，给胎儿提供一个优良的孕育"温床"；为了确保宁静的宫内环境，准妈妈应注意合理的性生活，性生活要适度，并且要注意卫生，动作要轻柔，丈夫的生殖器不要插入太深，不要压迫孕妇的腹部，以免造成自然流产。

此外，胎儿是一个活泼敏感的小生命，他的发育与准妈妈紧密相关，受准妈妈情绪影响很明显。准妈妈为宝宝创设良好的宫内环境的同时，也要为宝宝建造良好的精神内环境，准妈妈应保持豁达乐观的情绪，这有助于小生命的健康发育，也有助于宝宝出生后活泼开朗性格的形成。

● 音乐胎教：聆听《安睡吧，宝贝》

沃尔夫冈·阿玛多伊斯·莫扎特，1756年1月27日生于奥地利（神圣罗马帝国时期）萨尔茨堡一位宫廷乐师的家庭，他的父亲奥波德是那座城中宫廷大主教乐团的小提琴手，也是一个作曲家。他的母亲也酷爱音乐，会拉大提琴和小提琴。

莫扎特是欧洲维也纳古典乐派的代表人物之一，作为古典主义音乐的典范，他对欧洲音乐的发展起了巨大的作用。他无疑是一个天分极高的艺术家，谱出的协奏曲、交响曲、奏鸣曲、小夜曲、嬉游曲等成为后来古典音乐的主要形式。

歌剧是莫扎特创作的主流，他与格鲁克、瓦格纳和威尔第一样，是欧洲歌剧史上四大巨子之一，其中最出名的歌剧是《费加罗的婚礼》《唐璜》和《魔笛》。他还与海顿、贝多芬一起为欧洲交响乐写下了光辉的一页。另外，他的《安魂曲》也成为宗教音乐中宝贵的一部杰作。

35岁便英年早逝的莫扎特，一生创作了549部作品，其中包括22部歌剧、41部交响乐、42部协奏曲、一部安魂曲以及奏鸣曲、室内乐、宗教音乐和歌曲等作品，留下的重要作品总括了当时所有的音乐类型。莫扎特的音乐优美欢乐，其中又深含着悲伤，这正反映了莫扎特时代知识分子的命运。

《安睡吧，小宝贝》这首乐曲旋律轻柔甜美，节奏和伴奏常带有摇篮的动荡感，具有安静、温暖、亲切的特点，非常适合胎宝宝。

怀孕6个月
胎教要点

妊娠的第6个月，胎儿已经能够在羊水中自由活动了，并且可以感受到母亲的情绪。所以，此时准妈妈的情绪对胎儿的影响是很大的，准妈妈应该选择各种方式来调节自己的情绪。胎儿出生后的饮食习惯也会受到母亲的影响，准妈妈应该养成良好的饮食习惯，做到规律饮食，均衡地摄取各种营养。6个月的胎儿已经基本稳定，此时的准妈妈可以做一些适当的运动，如散步、游泳、跳舞等，既可提高自身的抵抗力，为顺利分娩做好准备，又可为胎儿提供充足的氧气，有利于胎儿大脑的发育。

此期由于子宫增大，准妈妈应该预防便秘、浮肿以及尿路感染等病症。要定期去医院做检查，发现意外情况及时处理。此期子宫增大很容易造成准妈妈疲劳，所以准妈妈应该注意充分休息，一天睡眠时间应不少于8小时，睡觉要以左侧卧位为最佳。

此期的胎教内容主要有：情绪胎教、音乐胎教、对话胎教、意念胎教和运动胎教等，并且可以综合应用多种胎教方法对胎儿进行胎教，会收到意想不到的效果，但需合理，要循序渐进，以免过犹不及。

第21周 胎教计划

胎宝宝的体重明显增加

从这周开始，胎宝宝的体重开始明显增加，到这个月的月末体重可达630克，身长约30厘米。肌肉和神经已经充分发育，具备了活动能力，加之羊水量的不断增多，胎宝宝在羊水中的活动更加频繁了，准妈妈能够更多地感觉到胎动。

准妈妈的子宫迅速增大

准妈妈的子宫迅速增大，宫底高22厘米～25厘米，下腹明显隆起。腹围的增长速度为整个怀孕期间最快的阶段，孕22周的子宫顶端和肚子的底端平行，怀孕至第6个月末宫底平脐。支撑子宫的腹部韧带被拉长，因而此时常会感觉疼痛。呼吸变得急促，心脏负担更重了。

随着子宫的增大，准妈妈身体的重心发生了变化，突出的腹部使重心前移，为了保持平衡，准妈妈不得不腆起肚子走路。这时不能再穿高跟鞋了，因为穿高跟鞋不仅会使背部肌肉紧张程度加重而导致疼痛，而且还会使重心不稳，很危险。

小贴士

值得注意的是，此时是妊娠并发症开始发生的时期，准妈妈应该注意自己的身体情况，一旦有异常情况，请尽快就医。

子宫内的“小窃听者”

自妊娠6个月起，胎儿就开始不断地“凝神倾听”。妊娠期间，母亲的腹内是一个非常“嘈杂”的场所，有大量的声音传入胎儿耳内。在传入胎儿耳内的声音中，最为嘈杂的是母亲胃内发出的咕噜咕噜的声音。另外，即使是父母比较微弱的谈话声，胎儿也会全神贯注地倾听。

然而，支配胎儿所处环境的声音，毕竟是母亲那富有节奏的心脏搏动声。如其节奏正常，胎儿就会知道一切正常，即胎儿会感到所处环境安全而无忧虑。

何以见得呢？随着现代医学的发展，借助于B型超声波诊断仪，人们已能观察到胎儿在母体子宫内的活动情况，以及吞吐羊水的有趣模样。胎儿能接受外界刺激，并做出反应。当胎儿听到音响时，胎心音会变快；听到汽车的喇叭声时，会出现频繁的胎动。用光照射孕妇的腹部，胎儿会有眼球活动。

有人还做了这样一个实验，在准妈妈妊娠期间，让父母给胎儿起一个小名，并让父母常常向腹中的胎儿呼唤他的小名。胎儿出生以后，当他听到呼唤他的小名时，会突然停止吃奶或在哭闹中安静下来，有时甚至会露出似乎高兴的表情。这项实验结果在一定程度上说明，胎儿不但只有听力，而且还有一定的领悟能力。

数年前的研究结果表明，在新生儿室内给一部分新生儿播放人心脏跳动的录音时，听到这种录音的新生儿比没有听到这种录音的新生儿表现得活泼，饮食和睡眠状况良好，体重迅速增加，呼吸能力不断增强，不爱哭闹，不易生病。

专家们认为，胎儿在宫腔内被羊水包围，生活在一个水环境中，而水对声音具有选择的过滤作用，它能除去一部分低音而对高音则有较多的保留，故而胎儿对高音具有更强的敏感性。

究竟哪种解释更为合理，或二者兼而有之，这里并不想下结论。重要的是胎儿对母体及母亲的声音具有依赖性与敏感性，这是与胎教直接有关的问题。

● 听觉在胎教上的重大意义

听觉系统是胎儿与环境保持联系的主要器官，也是进行听力训练即音乐胎教的物质基础。因此，近年来人们对胎儿听觉机能研究越来越重视了。到20世纪80年代，人们用现代科学技术对胎儿听力进行测定。除证明胎儿有完整的听力外，进而提出胎儿在子宫内能接受“教育”，进行“学习”，并形成最初的“记忆”。这种新的认识，为胎教提供了科学依据。

随着对胎儿听觉系统的研究，如果胎儿患先天性耳聋，在子宫内就能得到诊断，当他出生后，可进行早期听觉训练，为避免部分儿童失去听觉提供了可能。

● 音乐胎教：向胎宝宝传递美的感受

这个月的音乐胎教同第5个月时一样，准妈妈可以听听轻音乐，让休闲生活中充满优美的乐声，使自己精神愉悦，并将这种美好的心情传递给胎儿。另外，准妈妈也可以继续用柔和的声调哼唱轻松的歌曲，同时想象胎儿正在静听，从而达到母子心音的谐振。还可直接将胎教器放在腹部附近，让胎儿亲自欣赏音乐。前文已讲过，父亲在胎教中的作用是很大的，这个月准爸爸可以和准妈妈一起采用练习音符发音进行胎教，例如“1234567”，“7654321”，反复轻声教唱若干遍，让胎儿学唱。

● 音乐胎教：听节奏柔和的《天鹅》

圣桑，法国作曲家，1835年10月9日出生于法国巴黎，父亲出身于诺曼底附近的贫苦农家，母亲是水彩画家。父亲在圣桑两个月时去世，圣桑由母亲和伯母共同抚养。伯母是音乐家，在圣桑两岁半时开始教他弹琴。

圣桑创作技巧纯熟，作品数量超过170部，几乎涉及每个音乐领域。他的作品旋律流畅，和声典雅，结构工整，配器华丽，色彩丰富，通俗易懂。其代表作有管弦乐组曲《动物狂欢节》、交响诗《骷髅之舞》《第一大提琴协奏曲》和小提琴与乐队的《引子与回旋随想曲》等。

《动物狂欢节组曲》又称《动物园狂想曲》，是一部形象生动、充满幽默诙谐的管弦乐组曲。在这部新颖的组曲中，作者以漫画式的笔调，运用各种乐器的音色和表情特征，惟妙惟肖地描绘出动物们滑稽的动作和可爱的情态，其中的大提琴独奏《天鹅》尤为动人。

乐曲一开始，钢琴以清澈的和弦，清新而简洁地奏出犹如水波荡漾的引子。在此背景上，大提琴奏出舒展而优美的旋律，描绘了天鹅以高贵优雅的神情安详浮游的情景。中间部分由第一部分的主题因素发展构成，中间调性的变化为音乐增添了色彩，它所表现的感情更加内在而热切，犹如对天鹅端庄而高雅的形象的歌颂，把人带入一种纯净崇高的境界。

《动物狂欢节组曲》暨《天鹅》特别适合准妈妈在孕中、晚期时听，也适合给胎宝宝听，因为它描绘了各种动物的形象，能引发准妈妈很具体的想象。

Tips 小贴士

欣赏《动物狂欢节组曲》时，准妈妈最好能给胎宝宝描述具体的动物形象，这无疑对胎宝宝的感知和智力发育有很大好处。

● 音乐胎教：欣赏《彼得与狼》

《彼得与狼》是苏联作曲家普罗科菲耶夫为儿童谱写的一部交响童话，完成于1936年春，同年5月2日在莫斯科的一次儿童音乐会上首次演出。该作品是普罗科菲耶夫的代表作品之一，由作者本人构思情节和撰写朗诵词，具有生动活泼而又深刻的教育意义。

普罗科菲耶夫是俄罗斯音乐史上的超级神童，5岁就写出了第一首钢琴独奏曲，9岁已经令从学的老师大惊失色。他发明了一种“快速配器法”，充满独特的个人见解，以表示不喜欢原有的单调乏味的配器方式。他的代表作《彼得与狼》《古典交响曲》和《罗密欧与朱丽叶》一直被古典乐坛奉为先锋派。

少先队员彼得与他的小朋友鸟儿一起玩耍，家中的小鸭在池塘中嬉游，与小鸟发生了争吵。小猫趁机要捕捉小鸟，被彼得阻拦。爷爷后来吓唬他们说狼要来了，把彼得带回家。不久，狼真的来了，吃掉了小鸭，还躲在树后要捉小鸟和小猫。彼得不顾个人安危，在小鸟的帮助下捉住狼尾巴，将它拴在树上，爷爷和猎人赶来把狼抓进了动物园。

故事寓意深刻，表现了少年彼得以勇敢和机智战胜了凶恶的狼。作曲家运用乐器来刻画人物和动物的性格、动作和神情，音乐技巧成熟，形式新颖活泼，旋律通俗易懂。全曲既有贯穿的情节，而又不是干涩地平铺直叙，每一个角色、每一个段落不但形象鲜明，而且还含有表达尽致的艺术魅力。

音乐中用长笛、双簧管、单簧管、大管、弦乐四重奏、定音鼓和大鼓所奏出的具有特性的短小旋律和音响，分别代表小鸟、鸭子、猫、爷爷、少年彼得和猎人的射击声等。曲中长笛的高音区表现出小鸟的灵活好动；弦乐奏出了彼得的神情，描绘了彼得的机智勇敢；鸭子的形象由双簧管模拟，生动地刻画出它蹒跚的步态；单簧管低音区的跳音演奏描绘了小猫捕捉猎物时的机警神情；爷爷老态龙钟的神态由大管浑厚、粗犷的声音来表现，节奏和音调模拟了老人的唠叨；狼阴森可怕的号叫用3只圆号来体现。

第22周 胎教计划

● 胎宝宝已经长成“小人儿”

本周胎宝宝已经长成了一个微型的小人儿，他嘴唇的轮廓越来越清晰，眼睛也发育完全了。尽管他的虹膜还没有颜色，不过眼眉和眼睑已经长好了。胰腺（分泌激素的重要器官）正在稳步地发育。在牙龈下面，恒牙的牙胚也开始发育了，为此准妈妈要多补充些钙质，为宝宝将来能长出一口好牙打下基础。

● 准妈妈生理上出现一些不适

准妈妈增大的子宫适应了快速生长的胎宝宝的需要，但不可避免地会压迫周围的组织和器官，导致准妈妈出现心悸、气短、胃部胀满感、腹部下坠、尿频、便秘等症状，下半身也由于血液循环不畅而极易疲劳，并且难以缓解。

另外，由于孕激素的作用，准妈妈的手指、脚趾和全身关节韧带变得松弛，这也会使准妈妈觉得有些不舒服。甲状腺的机能变得活跃，准妈妈变得容易流汗、感觉燥热。

● 音乐胎教：听勃拉姆斯《摇篮曲》

勃拉姆斯是19世纪后半叶德国最卓越的古典乐派最后一位作曲家，他的这首《摇篮曲》作于1868年，是其代表作之一，为摇篮曲中最为出色的一首。乐曲深情而动听，表现了真挚的母爱，被广为传唱。

摇篮曲

快安睡，小宝贝，
夜幕已低垂，床头布满玫瑰，
陪伴你入睡，小宝贝，小宝贝，
歌声催你入睡，小宝贝，小宝贝，
歌声催你入睡；
快安睡，小宝贝，
夜幕已低垂，月光洒满大地，
微风轻轻吹，小宝贝，小宝贝，
歌声催你入睡，小宝贝，小宝贝，
歌声催你入睡。

1864年，勃拉姆斯在汉堡遇见了一个维也纳青年女歌手，名叫贝尔塔。奥地利姑娘特有的温柔妩媚和天真烂漫自有一种神秘的魅力，从她身上，勃拉姆斯感到他注定要终老于此的奥地利土地分外可爱。勃拉姆斯对贝尔塔一见钟情，但在谈到婚姻的时候却遭到了不可克服的障碍。贝尔塔嫁给了法柏先生，当他们养第二个孩子的时候，勃拉姆斯送给她一首“随时随地可以用来取乐”的《摇篮曲》。“安睡安睡，乖乖在这里睡，小床满插玫瑰，香风吹入梦里，蚊蝇寂无声，宝宝睡得甜蜜，愿你舒舒服服睡到太阳升起”，那恬静、优美的旋律本身就是一首抒情诗。后人曾将这首歌曲改编为轻音乐，在世界上广为流传，就像一首民谣那样深入人心。

此曲是一首民歌风格的歌曲，歌曲中摇摆的韵律，舒缓的叙事语气般的旋律，再加上装饰音的运用，表现出充满无限温存慈祥的万千柔情，勾画出一幅妈妈对孩子亲切祝福的动人画面，表达了人类最崇高的感情：妈妈对孩子的爱。演唱者克洛伊·安格纽像孩童一样柔嫩清澈、像糖果一般甜美的嗓音独树一帜，给人一种纯真的美感。

● 不能把耳机放在腹部

据报道，一位女士带两岁半的儿子至某医院就医，医生发现该宝宝严重失聪，再仔细检查，孩子的耳蜗和听觉神经已损坏，且没有治愈的可能。原来，该女士在怀孕3个月时，听说胎教有好处，于是每天将耳机放在腹部让胎宝宝听1小时的音乐，结果造成了胎宝宝听力的损害。

许多人认为，对胎宝宝来说，母亲的子宫是一个不受外界干扰的理想环境。而事实并非如此，胎宝宝在子宫内亦深受外界噪声之害。美国科学家实验发现，外界声音的基本音节能全部传入子宫，胎宝宝能清晰地听到3米外人们的讲话声、开门声和小车通过的声音，其所感受的声音只比外界低25分贝～30分贝。

构成胎宝宝内耳一部分的耳蜗，从准妈妈怀孕第20周起开始发育，其成熟过程在宝宝出生后30多天内仍在继续进行。由于胎宝宝的耳蜗正处于发育阶段，极易遭受噪声损害，对2000赫兹以上的高音尤为敏感。所以，胎教音乐中若出现2000赫兹以上高音时，必将损害胎宝宝的听力。

国家优生优育协会和中科院声学研究所曾对市面上出售的胎教音乐进行随机抽样调查，令人吃惊的是，音频超过2000赫兹的不合格胎教音乐大量存在。有的包装盒上标明音频范围是500赫兹～2000赫兹，但实际检测结果音频最高者竟达5000赫兹。用这样不合规格的产品进行胎教，对胎宝宝听力造成的损害是可想而知的。

● 胎儿对光线很敏感

宫腔内是一个黑暗的环境，胎儿在这里夜晚安静睡眠，白天觉醒。因此，胎儿的视觉功能较其他感觉功能发育得相对缓慢。其实胎儿在妊娠第8周时，眼睛已经开始发育，但直到怀孕25周左右，胎儿对光才有了最初的反应。当一道亮光穿过准妈妈的皮肤、甚至子宫壁到达胎儿时，胎儿的眼睛就开始在黑暗中一开一合，似乎在为出生后做练习。怀孕27周以后，胎儿的大脑才能感知外界的视觉刺激。怀孕30周以前，胎儿还不能凝视光源，直到怀孕36周，胎儿对光照刺激才能产生应答反应。

如果从怀孕24周开始，每天定时在胎儿觉醒时用手电筒（弱光）作为光源，照射准妈妈腹壁胎头方向，每次5分钟左右，结束前可以连续关闭、开启手电筒数次，这样做可促进胎儿视觉功能健康发育。因为有研究表明，当用手电筒照射准妈妈腹壁胎头部位时，可感到胎儿心率增快的现象，持续照射数分钟，胎心率又恢复至照射前的状态。光照准妈妈的腹部，通过刺激胎儿的视觉信息传递，使胎儿大脑中动脉扩张，对胎儿脑细胞的发育有益。

Tips 小贴士

准妈妈可以利用胎儿所具有的视觉功能，对其进行胎教，以锻炼胎儿的视觉，并且有助于提高胎儿的智力。但需注意的是，在对胎儿进行光照刺激时，切忌强光照射，并且时间也不宜过长。

● 意念胎教：强化胎宝宝的形象

准妈妈在为胎儿形象构想中，会使情绪达到最佳状态，而促进体内具有美容作用的激素增多，使胎儿面部器官的结构组合及皮肤的发育良好，从而塑造出自己理想中的胎儿。在我们日常生活中看到许多相貌平平的父母却能生出非常漂亮的孩子，这与怀孕时准妈妈经常强化孩子的形象是有关系的。因此，准妈妈在怀孕期间要经常设想孩子的形象，那么出生后的宝宝一定会与准妈妈所想象的孩子有某些相似之处。

第23周 胎教计划

● 胎宝宝的听觉已经形成

本周胎宝宝身长约为29厘米，体重500克左右。胎宝宝的听觉已经形成，开始逐步适应各种声音。即使准妈妈的声音变了样，胎宝宝也能分辨得出。胎宝宝还能听出准妈妈的心跳声和胃蠕动的声音。子宫外大的响声他也能听到，如犬吠声和吸尘器的声音。在今后的日子里，他会对亲人的声音越来越熟悉。除了听觉有所发展外，视网膜也已形成，具备了微弱的视觉。

● 准妈妈活动起来更加不便

此时准妈妈在活动时可能会感到力不从心，经常需要停下来稍微休息一下。有时候子宫变得硬硬的，但是没有疼痛的感觉，这是正常的妊娠反应，准妈妈不需要担心。

这个阶段乳房继续发育，乳腺发达，可出现泌乳现象。准妈妈的体重在稳定增加，大约每周增重225克。由于血液量的增加，阴道分泌物增多，血管扩张，脸及手都容易变红，严重时还会出现瘀血，不过通常分娩后就会消失。

● 无意胎教与有意胎教

为什么过去不讲胎教，也能出现不少人才？实际上，只要我们进行追踪调查，都能发现成才儿童都在不同程度上受过胎教，他们的父母也都在无意中进行过胎教。例如，他们虽然生活上比较清苦，但身体健康，爱情热烈，母亲受孕时具有天时、地利、人和三大因素；受孕后父母热爱腹中的孩子，对孩子充满希望；丈夫勤快，体贴妻子，家庭气氛温馨；母亲温顺，喜欢在宁静的环境中工作和休息；饮食虽不高档，但注意卫生、可口；整个怀孕期母亲心情愉快，时时想着孩子……这些都可以说是在进行胎教，也就是无意胎教。无意胎教虽有一定作用，但其科学性和实际效果都有一定限制，为此，需要推广有意胎教。有意胎教，就是自觉、有意识地实施胎教，追求胎教的质量。

Tips 小贴士

有意胎教对儿童心理发展的影响是很显然的，现在我国不少地方出现一些超常儿童，他们和有意胎教都有一定关系。但是，有意胎教的根本目的不是造就天才儿，而是提高下一代的综合素质，提高人口质量。

● 光照胎教：让胎宝宝沐浴阳光

准妈妈可以在天气不错的时候来个日光浴，在晒太阳的同时还可以和胎宝宝进行交流，比如一边晒太阳，一边和腹中的宝宝对话：“宝宝，不要睡懒觉了，今天太阳很好，快出来晒晒太阳！”

至于什么时候晒太阳，应根据季节、时间以及每个人的具体情况灵活掌握。如果是夏天的话，每天阳光都很强烈，就不用专门晒太阳了，树荫里的散射阳光就可以满足准妈妈的需要。一般来说，春秋季在每天上午9点到下午4点，冬季在每天上午10点到下午1点晒太阳比较合适，因为这些时候阳光中的紫外线最为充足，准妈妈可选择在这段时间晒太阳。

晒太阳的时间以每天1小时为好，在太阳下晒的时间过长，太阳光可使皮肤受到紫外线的伤害，进而产生皮炎。特别是在强光的照射下，准妈妈的皮肤没有足量黑色素的保护，更容易使皮肤发炎。另外，长时间晒太阳还会加重脸上的色斑，导致出现妊娠蝴蝶斑或使之加重。由此看来，准妈妈要恰当掌握晒太阳的时间。

进行日光浴不宜空腹，不可入睡，可以酌情暴露身体，还要经常转换体位。夏天要戴草帽和太阳镜保护头、眼，预防中暑；夏天在进行日光浴前，外露部位应涂抹润肤油或防晒露。冬天要适当穿得厚一些，一般不宜外露身体，预防感冒和其他疾病。日光浴后不要立即洗澡。

● 抚摩胎教：和胎宝宝一起嬉戏

妊娠的第6个月，可以在准妈妈腹部明显地触摸到胎宝宝的头、背和肢体，是进行抚摩胎教的好时机。抚摩胎教可以在起床后和睡觉前进行，应避免在饱食后进行。一般每天可进行3次，每次约5分钟。具体的方法是：准妈妈排空小便，平卧床上，下肢膝关节向腹部弯曲，双足平放于床上，全身放松。此时准妈妈腹部柔软，利于触摸。

抚摩可由准妈妈进行，也可由准爸爸进行，或者轮流进行。先用手在腹部轻轻抚摩片刻，再用手指在胎宝宝的体部轻压一下，可交替进行。有的胎宝宝在刚开始进行抚摩或按压时就会做出反应，随着孕周的增加，胎宝宝的反应会越来越明显，当胎宝宝习惯指压后，他会主动迎上来。怀孕28周以后，通过轻轻地触摸和指压可区别出胎宝宝圆而硬的头部、平坦的背部、圆而软的臀部，以及不规则且经常移动的四肢。当轻拍胎宝宝背部时胎宝宝有时会翻身，手足转动，此时可以用手轻轻抚摩，以安抚胎宝宝。在用手触摸胎宝宝的时候，别忘了还要轻轻地、充满柔情地对胎宝宝说话，让胎宝宝更强烈地感受到父母的爱意。父母也可以在触摸胎宝宝的时候谈谈心，交流交流感情，憧憬一下宝宝出生后美好的生活，营造出温馨、亲密的气氛，这样有利于加深一家三口之间的感情。

在进行抚摩胎教时，抚摩及按压的动作一定要轻柔，以免用力过度引起意外。有的准妈妈在怀孕中、后期经常有一阵阵的腹壁变硬，可能是不规则的子宫收缩，此时不能进行抚摩胎教，以免引起早产。准妈妈如果有不良分娩史，如流产、早产、产前出血等，则不宜使用抚摩胎教。

做完抚摩后，可用双手轻轻推动胎宝宝在宫内“散步”。这样反复锻炼，可以使胎宝宝建立起有效的条件反射，并增强肢体肌肉的力量。经过锻炼的胎宝宝出生后肢体的肌肉强健，抬头、翻身、坐、爬、行走等动作都比较早。训练时，手法要轻柔，要循序渐进，不可急于求成，即使在怀孕7～8个月的训练高峰期，每次也不能超过5分钟，否则只能是揠苗助长，适得其反。一旦胎宝宝出现踢蹬不安时，应立即停止刺激，并轻轻抚摩之，以免发生意外。在进行运动胎教过程中，思想一定要集中，心里应有幸福喜悦的感受。

有些准妈妈对运动胎教怀有戒心，生活中常常看到一些准妈妈用手捂住肚子等待胎宝宝反应，好像害怕锻炼会损害胎宝宝似的。其实，这种担心是多余的。胎宝宝在4个月时，胎盘已经很牢固，胎宝宝在羊水中活动不会受到直接冲击，因而也不会受到任何伤害。相反，经常采用运动胎教法会收到很好的效果。

● 情绪胎教：来一次短距离的旅行

怀孕的第6个月，胎儿已经基本稳定，准妈妈已经习惯了妊娠生活，而且没有了妊娠反应的影响，所以准妈妈的心情不会像怀孕初期那样战战兢兢、容易波动，情绪比较稳定。但不能由于情绪稳定，就忽视了情绪胎教，别忘了，也要让肚子里的宝宝拥有愉快的心情。所以，趁着身体还能灵活行动，应该多多外出调整身心，跟胎儿一起度过愉快的生活。

丈夫趁现在带着妻子和肚子里的宝宝做一次短期旅行，这也是一种很好的胎教。对胎儿来说，空气清新、宁静的地方较理想。旅行不一定要离家很远，可以去离家较近的场所，如绿色草原、温泉等都很适合准妈妈。准妈妈愉快地吸收美好的空气，肚子里的宝宝也会感觉心旷神怡。

如果能边进餐边和丈夫讨论肚子里的胎儿，不但可以充分享受野外用餐的乐趣，也能增进彼此的感情。制订旅行计划时，必须考虑到胎儿是否也能愉快地参与，比如在旅行中，夫妻一起讨论胎儿的命名，也许这种经验会成为日后的美好回忆。行程不要安排得太紧凑，千万不要让准妈妈和胎儿过度劳累。不要将“旅行”想象得过于盛大，回娘家、回婆家住几天，享受悠闲的生活，既对消除准妈妈的疲倦很有帮助，还可以与即将成为爷爷奶奶和外公外婆的爸爸妈妈多接触，培养三代之间的感情。

第24周 胎教计划

● 胎宝宝看起来像个小老头

此时的胎儿形态接近新生儿，身长约33厘米，外观看上去还像个小老头，眉毛和睫毛已经长出来了。男宝宝的睾丸也开始下降，进入阴囊。胎宝宝肺部已有一定的功能，如果此时早产可有浅呼吸，在特殊的照顾下是可以存活下来的。

● 准妈妈开始出现水肿

因为胎盘中分泌的激素影响肝脏，所以这个时期的准妈妈皮肤会出现瘙痒的感觉，严重时会长出水疱，甚至发展成湿疹。有些准妈妈的脸上开始出现妊娠纹，身形已经称得上是“臃肿”了，如果休息不好，下肢脚踝处就会出现水肿。爱美的准妈妈这时可要为臃肿的身体担忧了。

● 运动胎教：适当增加运动量

对于准妈妈来说，运动可以减轻怀孕期间产生的各种不舒适症状，如背痛、便秘、四肢肿胀等，使母亲更健康，从而为宝宝提供良好的内环境。

如果准妈妈生活在城市中，从下午4点到晚上7点之间空气污染相对严重，准妈妈做运动或者外出最好避开这段时间。

游泳是非常适合在孕中期进行的运动。因为，在水中运动时身体负担小，很轻松就可以锻炼到腰腿部肌肉，因此游泳很适合准妈妈。游泳消耗热量多，可以减掉身体上的多余脂肪，时间短见效快。游泳技术好的准妈妈还可以通过潜泳等方式增加肺活量。此外，游泳还能明显减轻怀孕期间的每位准妈妈都难以逃避的腰痛、痔疮、静脉曲张等问题，并有效纠正胎位异常。相关统计数据显示，参加过游泳训练的准妈妈不仅顺产率高，连产程也能缩短一半左右。

准妈妈对游泳池的水质要求较高，必须经过严格消毒，如果细菌含量超标，有可能诱发妇科炎症，一旦用药治疗便容易对胎宝宝发育造成影响。所以，一定要选择干净清洁的游泳池。而且，有流产、早产、死胎病史及阴道出血、腹部疼痛病史的准妈妈，或者患有妊娠中毒症、心脏病的准妈妈不能游泳。

小贴士

此阶段，大多准妈妈的妊娠反应消失，腹中的胎宝宝也比较稳定，可以适当增加运动量以增强体质，并为顺利分娩做准备。散步、妊娠体操、游泳等均是适宜准妈妈进行的运动，也可以进行适量的、安全的腹部肌肉锻炼，增强腹肌的收缩能力，以利于顺利分娩。

美育胎教：欣赏名画《圣母子》

欣赏名画是提高准妈妈审美能力及个人修养的有效方法，也是实施美育胎教的一个主要途径。本周为准妈妈准备了意大利著名画家拉斐尔的一幅油画《圣母子》。

拉斐尔是意大利杰出的画家，和达·芬奇、米开朗琪罗并称“文艺复兴

三杰”，他是“三杰”中最年轻的一位。拉斐尔谢世时年仅37岁，但由于他勤勉创作，给世人留下了300多幅珍贵的艺术作品。他的作品博采众家之长，形成了自己独特的风格，代表了当时人们最崇尚的审美趣味，成为后世古典主义者不可企及的典范。其代表作有油画《西斯廷圣母》、壁画《雅典学院》等。

圣母、圣婴原本是典型的宗教题材，在中世纪的绘画作品中，为了强调圣母、圣婴的神灵身份，一直被描绘得冰冷呆板、毫无生气。“文艺复兴三杰”之一的拉斐尔在此幅作品中摒弃传统的创作思维，把圣母描绘成一位温柔秀美、洋溢着爱意、微微丰腴的人间母亲。三角形构图是拉斐尔惯用的手法，金黄、酒红、墨绿，华丽的色彩让画面洋溢着温暖欢快的调子，同时也是文艺复兴时期的画商、教堂等喜爱的颜色。圣母正在沉思，而膝上的圣婴则是活泼、动态的，比例上稍大于人间男婴，胖胖的形象非常可爱逼真，激起观者的抚摩欲，与圣母一静一动、相映成趣。背景是拉斐尔的故乡——意大利托斯卡纳的美丽山地乡村。这是文艺复兴时期的杰出作品，也是人类美术史上的珍品之一。

● 对话胎教：加强对胎宝宝的语言刺激

怀孕的第6个月，胎儿已经有了记忆和学习的能力，因此，准妈妈要时刻牢记胎儿的存在，经常与之谈话，这是十分重要的。这一时期对话胎教主要采用同胎儿谈话的方式，以逐渐加强对胎儿的语言刺激，以语言手段来激发胎儿的智力。

准妈妈可以告诉胎儿一天的生活，从早晨醒来到晚上睡觉，自己或家庭成员做了什么、想了什么、有什么感想、说了些什么话，这些都可以用语言讲给胎儿听。这是母子共同体验生活节奏的一种方法。如早晨起来，先对胎儿说一声“早上好”，告诉他新的一天已经开始了。打开窗户告诉胎儿“早上空气真新鲜”“啊，太阳升起来了，阳光洒满大地”“今天是一个晴朗的好天气”。关于天气，可说的有很多，如阴天、下雨、飘雪花等，气温的冷热、风力的大小、温度的高低等都可以作为话题。在洗手间也有很多可以同胎儿说的话，如天天要洗脸，饭后要刷牙，便后要洗手，衣服要经常换，爸爸为何要刮胡子，妈妈为什么爱梳妆，肥皂为何起泡泡，吹风机为什么能把头发吹干等，都是很好的说话内容。

准妈妈还可以告诉胎儿，今天穿的衣服是什么样式的，什么颜色的，什么布料的。接着把镜子里的自己视觉化，将信息传递给腹中的胎儿，如“今天很冷，穿风衣吧”“应邀赴会，还是穿套服的好”“这件上衣，还是配蓝色的领带合适”等。吃饭时，先深深地吸口气，问胎儿：“闻到了吗？饭菜真香啊！”还可以告诉胎儿各种蔬菜的名称、味道、营养和制作方法，让胎儿出生后喜欢吃各种蔬菜。

此外，准妈妈可在散步时把眼前的景色生动地讲给胎儿听：“瞧，公园真美丽，青青的草，红红的花，鱼儿在池塘里游来游去。”准妈妈还可以利用诸如打扫房间、洗衣服、做饭、买东西、上银行、去医院，或者织毛衣、看电视、洗澡等活动同胎儿谈话。

准爸爸对胎儿的讲话也是很重要的，准爸爸的声音更易被胎儿所接受，通过与胎儿讲话，可以培养父子感情。并且，准爸爸对胎儿进行胎教，还可增进夫妻感情。准爸爸与胎儿讲话时，准妈妈应仰卧或端坐在椅子上，准爸爸把头俯在准妈妈的腹部，嘴巴离腹壁不能太近也不能太远，一般以3厘米～5厘米为宜。准爸爸同胎儿讲话的时间，一般选在晚上睡觉前为好，每次讲话时间以5～10分钟为宜。准爸爸同胎儿讲话的内容，可以由准爸爸先编写好，应该以希望、祝福、要求、关心的话为内容，语句应该简练，语调要温和，内容健康，更应切合实际。如就寝前，可以由准爸爸通过准妈妈的腹部轻轻地抚摩其中的胎儿，同时与胎儿谈话："爸爸来啦，起来活动吧，对啦，小手伸出来，小脚又在哪里呢？让爸爸摸一摸，啊，会蹬了，再来一个……再见！"

怀孕7个月
胎教要点

妊娠进入第7个月时，准妈妈的肚子明显增大，完全呈现出孕妇的体态。此时，胎儿的大脑已经能够通过母亲的刺激，感受外界发生的变化了，对声音的分辨力也有所提高。

此期由于增大子宫的压迫，很多准妈妈容易出现便秘、下肢水肿、静脉曲张等症状，因此准妈妈在饮食方面要注意预防这些症状的发生。虽然准妈妈体态变得笨重，但此时的运动仍然是必不可少的，适合此期准妈妈的运动主要是孕妇操。此时的准妈妈很容易疲劳，所以保证充足的睡眠对准妈妈来说是非常重要的。此期的产前检查也是很重要的，主要检查胎儿的胎位，如果胎位不正，则需要马上进行纠正。

为了胎儿更好地发育，准妈妈在这段时间里要使自己情绪保持最佳状态，各种胎教方法可以轮流使用，如情绪胎教、音乐胎教、对话胎教、故事胎教、听觉胎教、意念胎教、环境胎教、运动胎教等。

第25周 胎教计划

● 胎宝宝的皮肤开始变得平滑

本周胎宝宝身长约34.6厘米，体重将近660克。他的肺里还没有空气，只有羊水，但是他已经会做出像呼吸一样的动作了。他长出了一些胎脂，皱皱巴巴的皮肤开始变得平滑。

● 准妈妈的腹部进一步增大

怀孕第7个月末时，宫底在脐上3横指处。准妈妈的腹部更大了，向前高高隆起，站立时必须保持胸部向后、颈部向前、肩部下垂、脊柱前凸才能使身体保持平衡，这会引起背部一些肌肉过度劳累，准妈妈会感到明显的腰部酸痛。增大的子宫压迫下半身的静脉，使下半身出现静脉曲张。下肢承担体重并被子宫压迫而影响回流，容易出现水肿。子宫压迫骨盆底部，容易发生便秘和痔疮。

● 光照胎教从本月开始

专家们认为，胎儿视力发育较晚，在母亲子宫内一直处于闭着眼睛生活的状态。一般4个月时胎儿的视觉功能开始出现，此时如用强一点儿的手电筒光照孕妇腹部，胎儿会有转过头去躲开光线的动作，但他并不睁眼。胎儿7个月时，视力才发展到较成熟的水平，也就是具有了视网膜开始反映外界光线，并将光的信号传送到大脑的完全功能。所以，光照胎教最好在胎儿7个月时开始。

对7个月前的胎儿，准妈妈可进行自然光照的胎教，即经常到阳光下坐一坐，晒晒太阳，这对准妈妈自己的健康和心情很有好处，对胎儿也同样极有好处。此时的胎儿虽不会直接观看太阳光，但对太阳光带来的明亮、暖融融的感觉还是有的，也会觉得舒服，何况太阳光还有激发身体产生维生素D、致使身体更多地吸收食物中的钙质等好处。

那么，光照胎教具体该怎么做呢？

可以每天上午、下午各选一个合适的固定时间，准妈妈坐在沙发或椅子上，精神放松，心情保持愉悦状态。准妈妈轻轻拍拍胎儿，对他说："宝贝，我们一起来看光亮，瞧，有多好玩啊！"然后，用光线不是很强的手电筒在离肚子不远处照射，每次时间不用太长，一般几分钟就可以了；也可采用有节奏的时亮时灭的方法，以促使胎儿视觉细胞进行应对活动。

Tips 小贴士

胎儿7个月时，除了坚持日光照胎教外，准妈妈还可以有意识地用光线不太强的手电筒对胎儿进行光照胎教，增加对胎儿的外界良性刺激，以促使其视网膜细胞、视力、大脑神经活动的发育。

● 情绪胎教：通过呼吸调整情绪

有人说过，准妈妈良好的情绪是胎教的最高境界，可见情绪胎教的重要性。胎教的最大障碍是准妈妈持有杂乱、不安、恍惚的心情，因为胎儿可以感受到准妈妈的这种情绪，从而影响胎儿的接受能力。这里介绍一种呼吸法，这种呼吸法在胎教训练开始之前进行，对稳定情绪和集中注意力行之有效，能进一步提高胎教效果。

身体要自然，采取舒适的姿势，坐躺自便；腰背要舒展，全身放松，微闭双目；用4秒～6秒的时间缓慢地吸气，让自己有一种将气体储存在腹中的感觉；用比吸气时多1倍的时间，也即8秒～12秒呼气，直到能无意识地深呼吸为止。不仅在胎教前，而且要在每天早上起床时、中午休息前、晚上临睡时，各进行1次这样的呼吸。这样，准妈妈在妊娠期间动辄焦躁的精神状态可以得到改善。

● 音乐胎教：让胎宝宝认识多种声音

怀孕的第7个月是胎儿听觉功能发育基本完成的时期，此时的胎儿可以听到各种各样的声音，所以此时的音乐胎教最好给胎儿传达多种声音，除音乐欣赏外，可经常听鸟鸣、水声、风声等自然的声音。

要根据不同的情况选取不同的音乐，做家务事时可听轻快的小步舞曲；独自一个人冥想时，最好听弥撒曲或米赛亚等宗教歌曲；整理一天的工作和写日记时，听小夜曲类的音乐；忧郁时，与其立即听高兴的音乐，不如开始先听一会儿单调的悲伤的音乐，然后再听高兴的音乐；稍微有点儿不安时，听旋律一定的弦乐器演奏的音乐能使情绪镇定；不要只听古典音乐，也可听自己喜欢的流行歌曲或歌谣、爵士等来转换心情。另外，觉得好听的音乐要反复听，这样可以加深胎儿的印象，促进胎儿记忆力的发育。在听音乐的同时，还可以做腹式呼吸，这样的胎教会收到双倍的效果。

● 美育胎教：欣赏《断臂的维纳斯》

雕像《断臂的维纳斯》也称“米洛的维纳斯”，是一尊希腊神话中代表爱与美的女神维纳斯的大理石雕塑，高2.14米。作为一座圆雕，这座雕像可四面欣赏，无论从哪个角度看，都有统一而富于变化的美。

维纳斯是罗马神话中爱和美的女神，即希腊神话中的阿佛洛狄忒。大约公元前4世纪时，希腊著名的雕刻家阿海山纳在神话的基础上加以想象和创造，用大理石雕成了这一艺术珍品，但后来遗失了。1820年在密罗斯岛上，一个叫尤尔赫斯的农民在翻挖菜地时发现了一个神龛，里面有个半裸美女的雕像。尤尔赫斯非常惊奇，但并不知道是维纳斯雕像，便把它搬到家里。这时有两个法国海员刚巧来到该岛考察水文。他们看到这个雕像，但没有购买。几天后，他们的船到了伊斯坦布尔，在应邀到法国大使馆赴宴席间，讲起了尤尔赫斯的发现。法国驻土耳其大使立刻派大使馆秘书马采留斯前去收买。然而在这期间，尤尔赫斯已把雕像廉价卖给了当地的一位神甫，神甫又打算把它献给君士坦丁总督的翻译员。正当神甫准备把雕像装船起运时，马采留斯刚巧赶到。马采留斯向神甫交涉出让，被神甫断然拒绝。于是双方展开激烈的争夺。在混战中，维纳斯雕像被抛在泥泞里，双臂被摔断了。官司打到米洛当局，米洛当局以8000银币将雕像卖给了法国人。法国人把它看作国宝，收藏在卢浮宫里，成为卢浮宫的“镇馆之宝”。

这座雕像自从被发现以后，100多年来一直被公认为希腊女性雕像中最美的一尊。她像一座纪念碑，给人以崇高的感觉，庄重典雅，貌美婀娜，体态万方。丰满的胸脯、浑圆的双肩、柔韧的腰肢，都呈现出一种成熟的女性美。她既有女性的丰腴妩媚和温柔，又有人类母亲的纯洁、庄严和慈爱，体现了充实的内在生命力和人的精神智慧。雕像的躯体采取螺旋状上升的趋向，略微倾斜，各部分的起伏变化富有音乐的节奏感；下肢用衣裙遮住，从舒卷自然的衣褶中显示出人体的动态结构，给雕像增添了丰富的变化和含蓄的美感。

100多年来，很少有人知道维纳斯雕像断臂之前的形象。后来在旧档案中发现了杜蒙·居维尔的回忆录，它记述了居维尔最初在伊奥尔科斯家看到的完整雕像：维纳斯右臂下垂手扶衣襟，左臂上伸过头，握着一只苹果，双耳还悬有耳环。然而，至今无人能将此雕像复原。

● 美育胎教：欣赏《抱鹅的少年》

《抱鹅的少年》又称《戏鹅的儿童》，创作于约公元前200年，高约84厘米，出自希腊雕刻家波厄多斯之手，现收藏于德国慕尼黑国家博物馆。波厄多斯擅长以风俗题材进行雕塑，是当时因专门雕刻儿童形象而闻名的艺术家。

波厄多斯生活在公元前3世纪，正是希腊化风俗性雕塑发展的时代。雕塑题材几乎触及生活的方方面面，从超凡脱俗的神性表达最普遍的人性，特别重视真实地塑造人物形象，注重人的内在精神表现。《抱鹅的少年》反映的是一个天真活泼的小孩和一只大鹅一起嬉戏的情景。儿童的形象刻画得十分有趣，他使劲想把往前走的鹅扳回来，而这只鹅则直蹬着叉开的双腿，张开嘴拼命与小孩抗衡。孩子的体态、动作和细腻的皮肤雕刻得十分真实、自然，那顽皮的微笑和执拗的动作充分表现了一个儿童固有的天真活泼的本性，富有极其浓厚的生活气息。孩子头部的发型有很强的韵律节奏感，头顶上的小发卷则更显得可爱逗人。整个雕像刀法细腻、动感十足，小孩与鹅的姿态优美动人，使观赏者看到了那蓓蕾初放的生命力，仿佛又回到了色彩斑斓的童年时代。

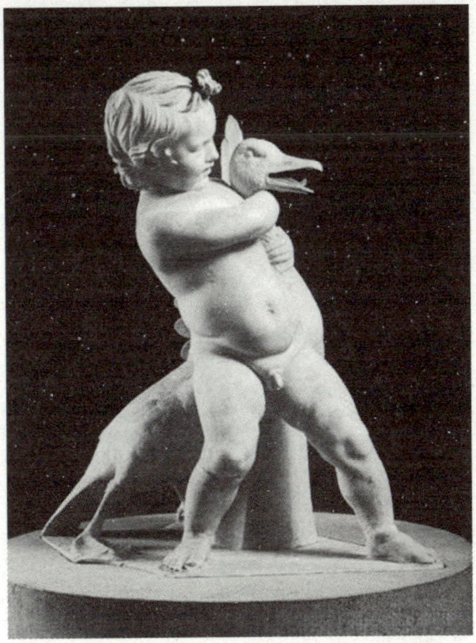

欣赏完这幅雕塑后，身为准妈妈的你是否也像回到了童年时代？是否幻想过你的宝宝长大后也能与这个孩子一样活泼可爱、充满活力呢？

第26周 胎教计划

● 胎宝宝会睁开眼睛了

胎宝宝的眼睛已经能完全睁开了，对于声音的反应也更为持久。此时，他从头顶至脚跟的长度已达到35.6厘米左右，体重为760克左右。他仍旧在微微地呼吸，尽管吸进去的还只是羊水而非空气，但这不失为一种为将来的出生而做得不错的练习。

● 准妈妈开始出现子宫收缩

此时的准妈妈开始感觉到五官上的一些不适变化，如眼睛干涩看不清东西，出现一些感冒症状，口腔问题比较严重等，这些都是妊娠期的正常反应，准妈妈不需要过分担心。

子宫肌肉对外界的刺激越来越敏感，如果用手稍用力刺激腹部，腹部可能会出现较微弱的收缩。收缩时子宫内的压力一般不超过2000帕，所以不会引起疼痛，也不会使子宫颈扩张。一般持续数秒即会消失，不必紧张。

● 记忆从胎儿开始

日本专家井深大先生做了一个有趣的实验：他请播音员录制了小林一茶

的俳句——“秋风扶枝摇，飒飒落叶遍地飘，猫儿追逐跳”，并将录音带交给孕妇，请她每天听录音2次，每次3分钟。这种俳句有一种日常讲话和音乐所没有的独特韵律，这样一来，使深居子宫内的胎儿反复受到这种声音的刺激。婴儿出生后2～6天，对在母亲体内听过此俳句的婴儿和未听过此俳句的婴儿进行测验，即让他们听上述俳句、其他俳句和普通讲话3种录音带，看两组婴儿听后产生什么反应，观察指标是婴儿心脏跳动的次数。结果发现了一个十分有趣的现象，在胎儿期从未听过俳句的婴儿，听了这3种录音带后都表现出相同的反应；而在胎儿期反复听到上述俳句的婴儿，再听到此俳句时反应比较稳定，而听到其他俳句时则显示出强烈的反应。可见，婴儿能够把在母体内听过的俳句同其他相似而又不同的俳句准确地区别开来。研究了20多年幼儿教育的井深大先生认为，婴儿在母亲体内听过“秋风”俳句以后一直把它记在心上，当他听到这首韵律相同但内容不同的俳句时，会做出反应，也许会认为：“这是啥呀？！”

已故的苏联著名提琴家列昂尼德·科根，曾讲过他自己的一段有趣经历：他决定在一次音乐会上演奏苏联作曲家创作的新乐曲，在他妻子的伴奏下曾短期练习过这首乐曲。当时，正值他的妻子临近产期，不久生了一个儿子。儿子长到4岁便学会了拉提琴。有一天，他儿子突然奏出了一支从来没有人教过他的乐曲旋律，这正是那次音乐会上演奏的乐曲。那支乐曲仅在那次音乐会上演奏过一次，后来未再演奏过，亦未灌制成唱片。他的儿子出生以来也没有听过那支乐曲，这实在是不可思议的记忆。还有不少类似的报道，都从不同的角度反映了胎儿已具有惊人的能力，不仅有感觉，而且有“记忆”。

● 对话胎教：教胎宝宝认识文字和数字

到怀孕的第6个月时，对话胎教的内容主要是同胎儿讲话，讲一些日常生活中的事情，让胎儿对外界的世界有一个初步的了解。到了怀孕的第7个月，胎儿对声音感应的神经系统已经接近完成阶段，这时胎儿越来越大，几乎要碰到子宫壁，由于准妈妈腹壁变薄，所以胎儿可以听到外界的各种声音。此时的对话胎教不仅是同胎儿讲话，还要在此基础上给胎儿讲故事，教胎儿学习语言和文字。

准妈妈可以利用幼儿识字教材，每天教胎儿识几个文字（包括数字），或者制作一些写着文字、数字的卡片，利用卡片教胎儿识文字或数字。首先从汉语拼音“a、o、e”开始，每天教2～3个。教文字或数字时，一面准确地发好字音，一面用手指写它的笔画。这样，通过母亲的声音和手的动作将一个个文字或数字的信息传递给胎儿，从而使胎儿用脑去理解并记住它。汉字拼音韵母教完后，可以接着教声母和简单的汉字，如“大”“小”“山”“水”等。父母如果想从胎儿时期就发掘孩子的外语天赋，也可以教胎儿26个英语字母，教英语字母时，要先教大写，再教小写，然后教简单的单词。教胎儿认识文字数字时，精力要集中，要全神贯注，要投入最真挚的感情并充满耐心，切忌急躁和敷衍了事，每天要定时进行，不断重复，反复强化。

● 故事胎教：声情并茂地给胎宝宝讲故事

讲故事时，准妈妈应取一个自己感到舒服的姿势，精力要集中，吐字要清楚，声音要和缓，既要避免高声尖气地喊叫，又要防止平淡无味地照书念，而应以极大的兴趣绘声绘色地讲述故事的内容，一定要注意把感情倾注于故事情节中去，通过语气声调的变化，将喜怒哀乐传递给胎儿，使胎儿受到感染，单调和毫无生气的声音是不能唤起胎儿的感受的。

故事的内容宜短小、轻快、和谐，最好选择那些色彩丰富、富于幻想的故事。内容可以选择提倡勇敢、理想、幸福、友爱、聪明智慧等的故事，那些容易引起恐惧、伤感以及使人感到压抑的故事，如《灰姑娘》《白雪公主》等，就不适宜讲给胎儿听。除利用幼儿读物进行讲述外，也可以由父母自编，任意发挥故事内容。此外，准妈妈还可以给胎儿朗读一些轻快活泼的儿歌、诗歌、散文以及顺口溜等。下面介绍几则小故事和儿歌，给准妈妈们作为参考。

小故事范例一：

星孩子

天上住着很多很多星孩子。每天傍晚，他们都到银河去洗澡。这银河水洁白洁白的，就像牛奶一样，星孩子们跳进去一洗，身上就会发出光来，亮闪闪的，好看极了。

这天傍晚，星孩子们又到银河来洗澡。可他们走近一看，怎么？银河变成黑乎乎的了！原来一大片乌云把银河给盖住了。

“咦，咱们洗不成澡了！这么大块的乌云怎么搬得掉呢？”一个星孩子失望地摇摇头，走了。

其他的星孩子也说：“对，还是回去吧，月亮姐姐马上要给大家讲故事了，迟了就听不成啦！”接着，他们也都走了。

只有一个小星孩子，没有跟大家一起回去，他站在岸边，想把乌云拖上岸来。可是，乌云很大很大，有操场那么大，小星孩子怎么能拖得动它呢？

有办法了！小星孩子掏出小刀，一块一块把乌云割下来，割了好一会儿，终于割掉一大块乌云，露出一片河水来。现在，小星孩子可以跳到河水里去洗澡了，一洗，他的身上就变得亮闪闪了！

小星孩子累了，想回去听月亮姐姐讲故事。可他又想：“不行，这么一小块地方，只够我一个人洗，我应当把乌云全部搬掉，让大伙儿都能洗澡。”于是，他又干了起来，干了整整一夜，终于把乌云全部搬走了。

第二天，天上的星星，又发出了闪闪的亮光，因为星孩子们又都在银河水里洗澡了。

小故事范例二：

企鹅爸爸爱孩子

南极洲，是一片白茫茫的冰雪世界。那里，有一群矮矮胖胖的企鹅，不管风吹雪打，它们都一动也不动地站着。

一天过去了，又一天过去了，它们还是那样站着，不吃一条鱼，不喝一口水。狂风呼呼地吹，它们不怕；肚子咕噜咕噜地叫，它们忍着。它们站在那里干什么呀？

告诉你吧，它们都是企鹅爸爸，在它们厚厚的肥肥的肚子底下，双脚捧着一只蛋，它们要用自己温暖的身体孵出可爱的企鹅宝宝。

宝宝可能要问：企鹅妈妈到哪儿去啦？

企鹅妈妈生下蛋，就到海里去找鱼吃了，吃饱了，来接企鹅爸爸的班。这不，你瞧，企鹅妈妈摇摇晃晃地回来了，嘴里流出像奶汁一样的东西，喂着刚出生的宝宝。企鹅爸爸这才拖着皮包骨头的身体，跌跌撞撞地跑向大海，去找吃的东西。它实在太饿了。

所以说，世上不只是妈妈好，爸爸也好，你说是吗？

儿歌范例一：

数数歌

咚咚咚咚咚，
小兔学打鼓。
小鼓气呼呼，
瞪眼问小兔：
打我几声鼓？
小兔忙回答：
一二三四五。

儿歌范例二：

小宝宝要睡觉

风不吹，浪不高，
小小船儿轻轻摇，
小宝宝啊要睡觉。
风不吹，树不摇，
小鸟不飞也不叫，
小宝宝啊快睡觉。
风不吹，云不飘，
蓝色的天空静悄悄，
小宝宝啊好好睡一觉。

儿歌范例三：

小喇叭

我是一个小喇叭，
从小喜欢喇叭花。
一根藤儿牵着我，
花儿一开香万家。
我是一个小喇叭，
从小喜欢喇叭花。
一根线儿牵着我，
喇叭一响乐万家。

● 美育胎教：欣赏中国民间剪纸艺术

剪纸是中国民间流行的一种历史悠久、流传广泛的艺术形式。每逢过节或新婚喜庆，人们便将美丽鲜艳的剪纸贴在家中窗户、墙壁、门和灯笼上，节日的气氛也因此被烘托得更加热烈。在农村，剪纸通常是由妇女、姑娘们来做。在过去，剪纸几乎可以说是每个女孩所必须掌握的手工艺术，并且还是人们用来品评新娘的一个标准。

从技法上讲，剪纸实际就是在纸上镂空剪刻，使其呈现出所要表现的形象。劳动群众凭借自己的聪明才智，在长期的艺术实践和生活实践中，将这一艺术形式锤炼得日趋完善，形成了以剪刻、镂空为主的多种技法，如撕纸、烧烫、拼色、衬色、染色、勾描等，使剪纸的表现力有了无限的深度和广度。细可如春蚕吐丝，粗可如大笔挥抹。其不同形式可粘贴摆衬，亦可悬空吊挂。由于剪纸的工具材料简便普及，技法易于掌握，有着其他艺术门类不可替代的特性，因而，这一艺术形式从古到今，几乎遍及我国的城镇乡村，深得人民群众的喜爱。

● 美育胎教：欣赏国画《鸟》

林风眠，原名林凤鸣，生于广东梅县，自幼喜爱绘画。19岁赴法勤工俭学，先在法国蒂戎美术学校进修西洋画，后又转入巴黎国立高等美术学校深造，是中西融合最早的倡导者和最为主要的代表人。

他还是中国美术教育的开辟者和先驱。1925年回国后出任北平艺术专科学校校长兼教授。1926年受“中华民国”大学院院长——蔡元培之邀出任“中华民国”大学院艺术教育委员会主任。1927年林风眠受蔡元培之邀赴杭州西子湖畔创办中国第一个艺术高等学府暨中国美术高等学府——国立艺术院（中国美术学院）任校长。新中国成立后任上海中国画院画师，中国美术家协会顾问，常务理事，理事。20世纪70年代定居中国香港地区。1979年在巴黎举办个人画展，取得极大成功。

第27周 胎教计划

● 胎宝宝开始有各种表情了

本周胎宝宝从头部到脚跟的长度为36.6厘米，体重将近875克。胎宝宝的大脑表面开始出现沟回，随着更多脑组织的发育，胎宝宝的大脑活动变得十分活跃。此时胎宝宝的眼睛能够开合，睡眠也有规律了。有些专家认为，到了28周胎宝宝就开始有梦境了。胎宝宝开始有喜怒哀乐的表情和动作，也开始有小脾气了。这个时候，小家伙对外界刺激更容易接受，出现记忆和意识的萌芽。

● 准妈妈开始分泌初乳

准妈妈的腹部越来越沉重，腰腿痛因而更加明显，现在可能会感到有些疲惫。另外，随着腹部的不断增大，你会发现肚子上、乳房上会出现一些暗红色的妊娠纹，脸上的妊娠斑也明显起来。有的准妈妈还会觉得眼睛发干、发涩、怕光，这些都是正常现象，不必过于担心。

乳房的乳腺管和腺泡增生，脂肪沉积，乳头增大变黑、易勃起，乳晕变黑。孕28周前后，乳房可能分泌初乳，这是真正乳汁产生之前的分泌物。

● 妈妈素质对宝宝智力的影响

后代的智力水平到底取决于哪些因素呢？

第一，从遗传学角度来看，子女聪明与否关键在于母亲。英国科学家研究认为，决定孩子智能发育的基因位于X染色体上，母亲的X染色体上的基因决定孩子大脑皮质的发育程度，而父亲的基因则更多地对塑造后代的情感和性格类型有着重要的影响。

因此，传统上推崇的“郎才女貌”的婚姻模式其实并不科学。如果希望自己的下一代聪明出众，明智的男士就应该在择偶观念上更注重女方的才智，而非女性的容貌。要知道，一位聪明智慧的夫人，才有可能让你拥有高智商的子女。

第二，母亲的文化素质与优生优育密切相关。专家研究分析表明，胎儿出生缺陷的危险因素与母亲的文化素质关系密切。母亲受教育的水平越高，其发生胎儿缺陷的可能性越低。

究其原因，文化水平低的女性在生育方面会带来以下几个方面的影响：早婚早育、近亲结婚者在文化水平较低的女性中较多见。早婚早育，再加上文化水平低，这样的妈妈身心各方面的成熟度均较低，对孩子出生前后的关注程度和教养能力也较低，更容易造成孩子身体或智力方面的先天缺陷。另外，遗传研究早已证实，近亲结婚会增加遗传病的发生，造成畸形怪胎，贻害后代。近亲结婚后代死亡率高，体力、智力都比较差。

第三，影响幼儿的智力开发。我国儿保专家几年来一直在探索家庭环境对婴幼儿智能发育的影响，结果表明，在语言方面，环境总分与智商偏高的，大部分母亲文化修养较高。她们不仅自己要求学习，也重视孩子的教育，关注孩子的成长，肯花时间为孩子讲故事，并耐心回答孩子提出的问题。

● 遗传智力与后天教育

智力能遗传，这是十分肯定的。一个人的体质、智力等多方面都与遗传因素具有十分密切的关系。我们在日常生活中也可以发现，父母智商高的，他们的子女智力也好；父母智商低的，他们的子女智力也比较差。单卵双胞胎的孩子，他们的智商常比较接近。德国科学家曾对1万名儿童的智力进行调查，结果发现，父母智力为优秀者，其子女约70%的智力为优秀；父母智力偏低者，70%的子女智力也是偏低的。有人对1500名平均智商在140以上的成人进行追踪观察，结果发现，他们所生的孩子平均智商也在120以上。

人的智力与脑细胞数量、神经系统结构、神经质、记忆分子等都有密切联系，而这些都决定于遗传的物质基础——脱氧核糖核酸即DNA。当然智力在遗传过程中并不是一成不变的，一般子女的智商与其父母相比，更接近于普通人群的平均值，即高智商的父母所生的子女，其智商要比正常人高，但比其父母要低；而低智商的父母所生的子女，其智商要比正常人低，但比其父母要高。另外，智力在遗传过程中，同样存在着变异。所以，有的父母智力都很好，但生下的孩子却智商低下；而有不少智力一般的父母，其子女的智商却比较高。

有人认为智力是天生的，后天的教育只能增加知识，而不能提高智力。例如，中国科技大学少年预备班里的学生，他们的智力在进行早期教育之前就是超常的。而有人则认为智力取决于后天的教育和环境的影响。其有力的证据就是印度“狼孩”的故事，“狼孩”卡玛拉在回到人世间9年之后，才学会了45个单词，其智力水平甚至无法与1岁的孩子相比，原因就是她在出生后没有得到及时的教育。

以上两种观点都是不全面的，应该说智力的发育，遗传是基础，后天的教育及环境是条件，二者都不可忽视。孩子出生后，来自先天的智力因素已经固定，而这种先天的智力因素能否成为现实，还受到文化背景、周围环境、家庭和学校的教育等许多因素的影响。有人做过调查，发现智商比较高的孩子，60%～70%出生于有良好家庭教育的知识分子家庭。因此，有人将智力超常的儿童划分为三种情况：第一种是他们本身具备优秀的遗传因素；第二种是智力遗传因素一般，而受到了良好的教育；第三种是具有优秀的遗传因素再加上良好的后天教育。所以不难发现，后天教育同样可提高孩子的智力。

一个人所具备的能力、智力和性格等，有的是受遗传影响，生来就有的，有的是在出生后从周围环境中学习而掌握的。如孩子的心理素质方面，是急躁还是稳定、是开朗还是抑郁、是怯懦还是勇敢，主要来自父母的遗传，后天教育很难改变。而孩子的思考力、判断力、创造力、想象力等心理活动，受后天环境与教育的影响非常大，并且通过环境熏陶和教育可掌握智慧性的心理活动，从而使其智力得到充分的发挥。所以每个家长都应该抓住时机，对孩子进行适当的早期教育，提高他们的智力。

● 听觉胎教：促进胎宝宝大脑发育

到怀孕的第7个月时，胎儿的听力已能分辨出各种声音，并在母体内做出相应的反应。有人曾做过这样一个实验：在妊娠中期让孕妇给胎儿经常朗读《戴帽子的猫》。当胎儿出生后进行吸吮实验时，先准备两篇韵律完全不同的儿童读物，一篇是婴儿在母亲体内听到过的《戴帽子的猫》，另一篇是婴儿从未听到过的《国王、小耗子与奶酪》，婴儿通过不同的吸吮方法才能听到这两篇不同的儿童读物，结果发生了让人非常吃惊的事情，这些婴儿完全选择了他们出生之前学过的《戴帽子的猫》。通过这个实验可以得出结论，胎儿在未出生前是有听力的，并且能够记住那些经常听到的声音。

根据这个原理，一个叫布莱德·格尔曼的年轻人发明了一种被称为“胎儿电话机”的胎教工具，这种电话机有点儿像收录机，它可以将录下的声音通过母亲的腹壁传递给胎儿，并可以随时记录胎儿在子宫内对外界各种声音刺激的反应，把这些微弱的子宫内声音再放大，就可以了解胎儿对声音的反应。每天不间断地将这种电话机放在孕妇腹部子宫的位置上，父亲经常通过话筒直接与胎儿讲话或唱歌。逐渐地，当胎儿喜欢听某种声音时他会表现得安静，而且胎头会逐渐移向妈妈腹壁，听到不喜欢的声音时头会马上离开，并且用脚踢妈妈的腹壁，表示他不高兴。因此，通过胎儿电话机可以使父亲和胎儿之间的关系同母亲和胎儿关系一样密切。经过训练可以了解胎儿喜欢听什么声音和不喜欢听什么声音，在胎教中就可以选择适当的声音对胎儿进行胎教。当孩子出生后，一听到熟悉的声音，就会掉转头来寻找声音的来源，既可促进胎儿大脑的发育，又可增进父子之间的感情。另外，通过听力训练，还可以对患有先天性耳聋的胎儿做出初步的诊断，有利于优生优育。

● 意念胎教：让胎宝宝感受到父母之爱

为了迎接小生命的降临，这个阶段的准妈妈应该有所行动了。除了到商店购买一些婴儿用品外，准妈妈还可以利用每天的空闲时间为宝宝缝制小鞋、小袜、小衣服、小帽子，一边一针针缝入母亲的爱心，一边温柔地和胎儿说话，这种心情是到婴儿用品店购物所体会不到的。虽然并非所有的准妈妈都能替宝宝做衣服，可是一边和宝宝说话，一边编织小帽、小袜或在衣服上绣图案，均能表现出母亲的爱心。相信宝宝在母亲肚子里，会一面听着妈妈慈爱的声音，一面希望自己赶快出生，可以早点儿穿上妈妈为自己缝制的衣服。如果这时父亲也能陪在母亲身旁，夫妻一起为将来的生活制订计划，谈论有关孩子的话题，这种气氛可使胎儿感受到父母的关爱，更加有利于胎儿的健康发育。

情绪胎教：准妈妈心情分享1

我是从怀孕3个月时开始产检的。产检的人那叫一个多呀！要是早上8点左右去挂号，中午才能看上医生，也可能根本挂不上号。每次产检的流程是这样的：挂号→分诊→交检查费→验血验尿→称体重→量血压→听胎心→量腹围→接受医生问诊及医嘱，出来后与亲友分享此次检查的心得与体会。

3个月时是第一次产检，要照B超。说实话，每次照B超时心情都超紧张。第一次照完B超，医生在单子上“单胎”或“双胎”的地方画钩，那医生画得太“潇洒”了，钩在了两个选项之间，老妈看到后还很兴奋，以为怀的是双胞胎呢！她一直很想让我一下生俩娃，我跟她强调就一个BB，呵呵！那她也很高兴！第二次照B超是怀孕5个月时，照的是彩超，说是能照出BB的容貌和四肢，能看出有没有唇裂之类的。这次照时更紧张了，生怕照出什么问题，从约B超到照完一直都提心吊胆。好在一切正常，我终于松了一口气。现在想想，怀胎十月也需要极高的心理素质呢。

从怀孕5个月开始做胎心监护。医生说做胎心监护前要吃饱，这样宝宝在妈妈肚子里才爱动，做监护就很快了。有的妈妈在做监护时宝宝好像在睡觉，一动不动，妈妈就要在监护室里等上很久。我家宝宝还是很配合的，每次虽说不是动得很强烈，但也不会让我等很久，真是善解人意的好孩子。记得有一次做完产检都是中午了，医生说下午才能做胎心监护，于是我和老妈就在医院附近的餐厅吃饭。一进餐厅就往无烟区走，结果发现桌桌都有大肚妈妈呀。忍不住点了水煮鱼，自从怀孕我这个超爱吃辣的人就开始控制辣椒的摄入量了，可那天周围的环境加气味实在让我“忍无可忍”了，我跟妈妈说只吃一点点。终于解馋了，可是吃完又开始害怕了，担心宝宝会不会上火呀。人家说准妈妈吃辣的，宝宝会烂眼角的，真吓人呀！心想以后可不敢吃了。

怀孕时的每一天都充满着期盼、担心、欣喜、惊奇，真是五味杂陈、百感交集呀。

摘自《红孩子孕产育儿宝典》，本文作者：samantha_yy（网名）

● 情绪胎教：准妈妈心情分享2

怀宝宝的时候，每晚给肚子里的宝宝讲故事，是我和孩子他爹必做的功课之一。

第一天讲的是《三只小猪》，接下来是《白雪公主》《陀螺和皮球》《小豆的保姆》等，每天宝宝都会听到不同的新故事。

需要表扬孩子他爹。本来是爸爸、妈妈给宝宝讲，现在变成了爸爸给妈妈和宝宝讲，有的时候爸爸讲得口干舌燥，妈妈说："没有听懂。"爸爸很有信心地说："没事，宝宝听懂了。"

真不知道现在肚子里的宝宝是什么状态，他应该是有感觉的吧，不管能不能听懂爸爸讲故事，总是可以感受到爸爸、妈妈的爱吧。而且为了让宝宝有更多的感知，我都是要爸爸一边摸着肚子、一边讲故事，听听爸爸的声音，宝宝也应该很开心吧！

现在爸爸讲故事成了习惯，妈妈和宝宝听故事也成了习惯。昨天，妈妈和宝宝在爸爸的抚摩和故事中竟然迷迷糊糊地睡着了。隐隐约约听到爸爸说："看来我的声音真的很有磁性啊！"唉，这个自我感觉良好的爸爸！

还有好多故事要给宝宝讲呢，亲爱的宝宝，等着每天听好故事吧！

爸爸、妈妈吻你！

摘自《红孩子孕产育儿宝典》，本文作者：Marianne（网名）

第28周 胎教计划

胎宝宝会眨眼睛了

本周胎宝宝身长约为38厘米，体重达到1千克多一点儿。胎宝宝会眨眼了，睫毛忽闪忽闪的。当胎宝宝注意到从准妈妈的子宫壁透进来的光亮时，他会转向光源。此时，他体内的脂肪层开始形成，为他出生后的生活做准备。骨骼、关节及肌肉继续不断发育生长，动作能够自控，手脚可自由地伸展、摆动。此时胎宝宝可以在子宫内自由活动，胎动更加频繁，并且非常有力。

准妈妈可能会出现睡眠问题

此时准妈妈的子宫增长到脐上3横指的地方，肚皮越来越薄，子宫也被宝宝越撑越大。胎动越来越强烈，乳房内开始形成初乳，腿部浮肿，容易感到疲劳。准妈妈可能会觉得心神不安，睡眠不好，经常做一些记忆清晰的噩梦，这是你在怀孕阶段对即将承担的妈妈的重任感到忧虑不安的反应。这是正常的，你不必为此自责。你应该为了胎宝宝的健康发育保持良好的心境，你可以向丈夫或亲友诉说你的内心感受，他们也许能够帮助你放松下来。

● 良好的胎教需要经营

为什么进行过同样胎教的胎儿，出生后还是有很大的区别？这是很多父母都存在的一个疑问。这是因为胎教并不仅仅是按照书上写的那样做就可以了，胎教还受到很多方面的影响，如父母的心情、环境、健康等。同婚姻一样，良好的胎教也需要经营。

首先，要做好充分的准备。男女双方来自不同的家庭与背景，两人一定要对“新生命”的来临有共识和周全的准备；了解双方家庭中每一分子的心情，因为婚姻不是个人的事，更何况是孕育下一代；在安静、舒适的环境中受孕；放松自己，灯光要柔和，制造幸福的气氛。

其次，要保持良好的心态。对胎儿进行胎教的最好方法莫过于所有家庭成员对胎儿的爱，在家人的祝福和关怀中享受将成为母亲的幸福；对生活充满信念和希望，对婴儿的信念和希望不仅有利于顺产，而且有利于婴儿形成一个有意志、有自信的性格；要具备正直而宽松的心情，不去想、不去看，也不去做那些不好的事情。不说谎话，不去计较一些琐碎的事情，要努力用愉快而宽松的心情做好心理准备。

再次，生活要有规律。首先要强调的是营养均衡的饮食，因为胎儿发育需要大量的营养，这都必须从母体获得；为了维持健康的身体，尽量避免过咸或有刺激性的食品，多吃有益于身体健康的食品；适度的运动，可促进血液循环，提供胎儿适当的营养和健康成长的气氛，对脑部的发育成长十分有效。

最后，要培养一些兴趣爱好。如画画、听一听好的音乐或是读一些有趣的书等，都可以使生活变得愉快。温柔而轻快的音乐对胎儿尤其好，有助于胎儿心智的发展；用爱关心胎儿，和他谈话、打招呼、看树、看花，并且告诉胎儿今天是几月几日等；怀孕期间所写的日记意味着对孩子的爱与关心，孩子长大后也是一份很好的礼物；要努力做好梦，因为梦是以事实为根据的，好的梦想也是可以实现的；建立属于母体与胎儿的母子理想国，学习家庭盆景或学习黏土制作，捏塑一个理想中的孩子的脸庞，或带着胎儿欣赏美的事物等。这些既可使孕妇拥有好的心情，又有利于胎儿的发育成长。

● 胎儿的性格

胎儿和新生儿的区别仅在于是否经过分娩这一过程，但作为一个具有能力的人来说，二者是一样的。在母体内有爱动的胎儿，也有不爱动的胎儿，一旦出生之后，立即就会发现他们在个性上的差别，有光睡觉的婴儿，有睁着眼睛张望的婴儿，也有手足乱动的婴儿，还有低声长时间哭泣的婴儿；在哭泣方法上，既有像着了火似的大声号哭的婴儿，也有低声长时间哭泣的婴儿。随母体内环境和母子组合的不同，而各有所异，理应有个性。

布拉泽尔顿博士研究出一种叫作“新生儿行动评定法”的独特观察方法。他利用手电筒的光、哗啷棒（玩具）或通过抱、哄等各种行动来观察婴儿反应的快慢和强弱、注意力的持续程度，以及适应能力和精神稳定状况等有关个性的基本行动特征。

从博士的检查来看，即使在出生当天，有的婴儿也能紧紧盯住博士的眼睛。当博士上下左右转动自己的面孔时，婴儿也会转动眼睛进行追踪；而有的婴儿看了一下马上就不追踪了。有的婴儿很快就习惯于听那些令人讨厌的声音而昏沉入睡，但有的婴儿对外部的刺激十分敏感，总在哭泣。有的婴儿安抚一下就立即停止哭泣，有的婴儿若不抱在怀里摇晃一会儿就不会安静下来……各有很大差别，令人吃惊。

而且，出院后回到家里，外境发生变化，一个月后再对同一婴儿进行检查，其结果又发生相当大的变化。例如，有的在出生后1周内，曾是一个很有持久力、情绪稳定的婴儿，但是在外婆家生活1个月后，由于外婆和外公过分疼爱，其控制自己的能力就变弱。结果，对外部刺激的反应也变得消极起来。常常可以见到类似的事例。

另一个值得引起注意的是，20世纪70年代初期以前，一直将雌激素、黄体酮与雌激素的化合物用于防止流产。但现在，这些药物的安全性问题受到怀疑，因此，已被禁止使用。在此以前，有流产征兆的孕妇，通常要摄取远比自身体内含量多得多的雌激素和黄体酮。禁止使用的原因是这些药物对身体有害，而且这些药物还具有给精神上造成不良影响的危险。

研究报告证明，如若对孕妇使用雌激素和黄体酮（或是其中之一），那么所生的孩子具有明显的女性特点，如是女孩子，其特点更为明显；如是男孩子，则比普通的孩子懦弱，具有女性特点。

另一个有趣的事实是，由于药量与行为有密切联系，所以同时注射了雌激素及黄体酮、雌激素化合物的孕妇所生的孩子，与只注射雌激素孕妇所生的孩子相比，前者更具女性特征。即胎儿过分接受母体的特定激素，就会引起器官上的变化，使胎儿在特定性格上发生变化，从而导致胎儿出现先天的性格变异。

这种先天的异常，不仅表现为行为上的异常，如心神不宁，性格变异，而且还表现为缺乏男子气质或缺乏女子气质。

黄体酮和雌激素均为孕妇血液中常见的激素，其分泌量的多少取决于孕妇自主神经与中枢神经互换信号的平衡状态。而控制信号的是孕妇日常精神状态，即孕妇的思维、感觉、行为、言语。

这样看来，婴儿出生之后就有个性，而这个性与母亲妊娠期间的环境、生活方式、身体状况等因素有密切关系。

● 运动胎教：让胎宝宝在子宫里“散步”

此期应该继续对胎儿进行抚摩胎教，并让胎儿在子宫里“散步”。除此以外，由于此时的胎儿已经很大，子宫内的空间对胎儿来说稍显拥挤，所以这时候准妈妈最好采用腹式呼吸法。这种方法可以给胎儿提供充足的新鲜空气，并且能够刺激母体分泌微量的激素，使得心情愉快。准妈妈的这种愉快心情也会影响胎儿，使胎儿的心脏感觉非常舒服。另外，学会腹式呼吸法后，对于生产或阵痛的放松也很有助益。

腹式呼吸法在任何地方均可进行。正确姿势为背部挺直紧贴在椅背上，膝盖立起，全身放松，双手轻放在腹上，想象胎儿目前正居住在一个宽广的空间；然后用鼻子吸气，直到腹部鼓起为止，吐气时微微把嘴张开，慢慢地、用力地将体内空气全部吐出，吐气时要比吸气更为缓慢且用力。当准妈妈感觉疲倦时，可以坐在椅子上，挺直背脊做深呼吸，这样就可以恢复平静。腹式呼吸法每天做3次以上，要持之以恒，早上起床前、中午休息时间、晚上睡觉前各做1次，尽量放松全身。轻轻告诉宝宝："妈妈现在就把新鲜空气传送给你！"以这种平静的心情练习，可达事半功倍的效果。

● 情绪胎教：做一做情绪养胎心灵操

当不良情绪上来时，准妈妈可学做以下"情绪养胎心灵操"。

第一节：在椅子上端坐，微闭眼睛，把注意力集中到自己身上，先深深地吸一口气，然后轻轻地控制住稍停一会儿，再慢慢地呼气，要又细又柔和地呼气。

第二节：暗示自己放松下来："放松——慢慢地放松——我的头部放松了——脑袋内部放松了——脑袋外部也放松了——我的颈部放松了——肩部也放松了——我的胸部开始放松了——后背部也放松了——我的腰部放松了——腹部也放松了——我浑身都放松了——我内心的结已经解开了——我放松极了——全身很舒服——非常舒服——啊，真好——没什么可忧愁烦恼或不安的了——”

第三节：继续暗示自己：“我的气已经平息下来了——它不再往头上冲了——不再往上冲了——也不再聚结在心头了——它开始往下走，回到腹部了——它已经平静下来了——它现在已经像清澈的泉水在我全身均匀地流动，使我感觉很舒服——真的很舒服。”

第四节：慢慢睁开眼睛，内心保持微笑，然后站起来去干别的事。

● 情绪胎教：接受即将到来的胎宝宝

研究发现，胎宝宝能对妈妈相当细微的情绪、情感差异做出敏感的反应。胎宝宝在母腹之中，母子之间不但血脉相连、休戚相关，而且情感相通、心灵互应，妈妈与胎宝宝在彼此传递着情感。因此，在胎教过程中，最为关键的莫过于妈妈的爱心——这就是我们所提倡的“无为而治”。

妊娠6个月以后，胎宝宝开始明确自我，能把感觉转换为情绪。这时，胎宝宝的性格逐渐根据妈妈的情感信息得以形成。胎宝宝不断接收妈妈传递的信息。最初，他只能接收极简单的内容，但是随着记忆和体验的加深，胎宝宝的性格变得越来越复杂。胎宝宝的精神世界由无意识的存在，发展为能够记忆和理解复杂情感与情绪的存在。所以每一天，准妈妈保持良好的心态和豁达开朗的心境，就是一种“无为而治”的胎教方式。

胎宝宝喜欢的是轻松、温馨、平和、愉快和幸福的内外环境，准父母首先要在情感上接受胎宝宝，并且为胎宝宝的即将到来感到欣喜。

准妈妈要常常告诉准爸爸说：“这一定是个漂亮、聪明的宝宝，眼睛会像你，嘴巴会像我，肯定会很漂亮。”因为胎宝宝是你们爱的结晶，是生命的延续，你们肯定会格外地珍惜这个胎宝宝。慎起居、美环境；注意营养、戒烟酒，以爱关注着胎宝宝的变化。这是一种极好胎教，胎宝宝通过感官会得到健康、积极、乐观的信息，这也是你们能给予胎宝宝的最好胎教。

相反，当一个准妈妈还没有在情感上做好接受即将出世的胎宝宝的时候，内心肯定会充满矛盾和不快，她不愿意承担起做妈妈的责任，或者是持模棱两可的态度，准爸爸也对此漠不关心，这种心理状态在精神上对胎宝宝而言，无疑是一个痛苦的经历和沉重的压力，对胎宝宝出生后的成长会很不利。

怀孕8个月

胎教要点

怀孕的第8个月，准妈妈的腹部突出更加明显，给准妈妈的生活带来很多不便。再加上马上要面临分娩，准妈妈情绪会发生很大的变化。所以此时的准妈妈一定要减轻心理负担，保持良好的心态，用平和的心情去面对分娩。

此期的饮食也要特别注意，如果吃得太多，很容易发胖，会造成难产；如果吃得太少，又会使胎儿的发育缺乏营养，所以一定要合理安排饮食，以量少、丰富、多样为主。准妈妈不要因为身体笨重就不运动了，适量的运动还是有好处的。

从这个月开始，就应该为分娩做准备了，以免到时手忙脚乱。同时，一定要按时进行产前检查，预防妊娠中毒症的发生。另外，此期是容易发生早产的时期，要注意避免引起早产的因素。

这个月的胎教内容主要有：音乐胎教、对话胎教、意念胎教、视觉胎教、运动胎教等。此期进行胎教，胎儿会积极配合。如果在胎教时胎儿反应迟钝，则应注意，严重时应停止胎教，及时去医院检查，并且注意胎教方法不要太“过”，以免给胎儿造成损伤，或引起早产。

第29周 胎教计划

● 胎宝宝的性器官进一步发育

本周胎宝宝的身长约为38厘米，体重约为1.1千克。如果是男孩，那么现在他的睾丸会从肾脏附近经过腹股沟降至阴囊内；如果是女孩，那么她的阴蒂会十分突出，但尚未被小小的阴唇覆盖，阴唇要在她出生前几周才会覆盖阴蒂。

● 准妈妈的行动更加吃力

准妈妈的身体越发沉重。现在胎宝宝的生长发育相当快，这个月准妈妈的体重可增加1.3千克～1.8千克。最后这个时期，体重每周增加0.5千克是很正常的，因为胎宝宝正在为出生做最后的冲刺。准妈妈的肚子大得看不到自己的脚，行动越来越吃力，如果长时间走动会感到下腹部或脚跟疼痛。

Tips 小贴士

随着胎宝宝的生长，子宫位置上移压迫腹部和心脏，会产生胸闷，也会有类似于因食物堵噎而引起的心口胀闷。

● 胎儿通过母亲的梦向母亲“讲话”

梦，既非随意所为，也非自然形成，而是因某种原因而产生的现象。妊娠女性的梦，大都是因本人无意识地畏惧分娩而形成的，梦见过自己遭受不安的孕妇，往往分娩时间较短，分娩顺利。据最近的调查表明，梦是孕妇处理不安的一种便利方法。

据医学文献记载，在妊娠女性的梦中，存在大量的成为“正梦”的例子，恐怕还有数不清的“正梦”，因做梦者本人与听说者（医生）怕被人扣上迷信或非科学的帽子而未公之于世。

准妈妈的这些梦，与我们通常所做的梦一样，往往同其觉醒状态下的情绪或思维活动有关。妊娠女性做梦时，常梦见自己与胎儿的关系处于一种紧张的状态之中。

据一位准妈妈说，她在自然分娩的前一天晚上，曾梦见自己在梦中喊叫：“我要出去！让我出去！”那一夜，她喊叫了许多次，而且每次喊叫都从梦中惊醒，她确信那一定是出于腹中的胎儿通过自己的躯体在向她呼喊的缘故。

另举一个患者的例子。这位患者与那位患者的所有情况均不相同，但其胎儿不断向母亲发出信息这一点却是一致的。据说这位准妈妈在进入妊娠后期时，曾做过有关阵痛的梦。她妊娠期间，身体和精神均正常，而且从其病历以及心理学的诊断结果来看，也无早产症候，但此后她又多次做过有关阵痛的梦。于是，她觉得一定是有什么原因，便开始做分娩准备，以备万一。结果，她在两周后就分娩了。

● 音乐胎教：给胎宝宝唱歌

在前面曾经谈到，胎儿能记忆他每天听到的声音（血流声和母亲的声音），到第8个月时，和大脑连接的神经回路更加发达，这时母亲的腹壁和子宫壁会变薄，所以胎儿更容易听到外界的声音，而且此时的胎儿可以区别声音的差异，对声音的强弱和旋律的变化都能做出不同的反应。音乐三要素为旋律、节奏、和音；胎儿虽然能听见声音，但这时只能听懂“节奏”，必须在出生3个月后，才能听懂“旋律”与“和音”。

除了听音乐外，父母还可以给胎儿唱歌，这种形式的音乐胎教效果更好，是任何形式的音乐无法取代的。一方面，准妈妈在唱歌时，陶冶了性情，获得了良好的胎教心境；另一方面准妈妈在唱歌时产生的物理振动和谐而又愉快，使胎儿从中得到感情上和感觉上的双重满足。此法还可使胎儿熟悉父母的歌声，加强感情交流，一直保持到出生以后。在音乐的气氛中，父母子女间更会和谐、融洽。有的准妈妈认为，自己五音不全，没有音乐细胞，哪能给胎儿唱歌呢？其实，完全没有必要把唱歌这种事看得过于神秘，要知道给胎儿唱歌并不是登台表演，不需要什么技巧和天赋，要的只是母亲对胎儿的一片深情。只要你带着对胎儿深深的母爱去唱，你的歌声对于胎儿来说，一定是十分悦耳动听的。唱的时候，尽量使声音往上腭部集中，唱得甜甜的，你的胎儿一定十分喜欢。此法每天可进行几次，每次不超过20分钟，准妈妈可采用自己认为舒适的姿势，为胎儿唱一些摇篮曲、抒情以及欢快的歌曲。准妈妈可以哼唱、清唱，唱歌时心情要舒畅，富于感情，如同面对着你可爱的小宝宝，倾诉一腔柔肠和母爱。这时母亲可想象胎儿正在静听你的歌声，从而达到母子心音的谐振。

另外，还可以教胎儿唱歌，虽然胎儿不能真正地唱歌，但毕竟胎儿有听觉，母亲应充分发挥自己的想象力，让你腹中的宝宝随着你的音律和谐地唱起来。母亲可先练音符发音或简单的乐谱，每次唱歌都留出复唱时间，想象胎儿在跟着你唱一样。

● 语言胎教：故事《丑小鸭》

《丑小鸭》是丹麦作家安徒生创作的一篇著名的童话，一般都认为是安徒生的一篇自传，描写他童年和青年时代所遭受的苦难，他对美的追求和向往，以及他通过重重苦难后所得到丑小鸭的艺术创作上的成就和精神上的安慰。

丑小鸭

乡下真是美。到了夏天，小麦是金黄的，燕麦是绿油油的。干草在绿色的牧场上堆成垛，鹳（guàn）鸟用它又长又红的腿在散着步，啰唆地讲着埃及话。（因为据丹麦的民间传说，鹳鸟是从埃及飞来的。）

这是它从妈妈那儿学到的一种语言。田野和牧场的周围有些大森林，森林里有些很深的池塘。的确，乡间是非常美丽的，太阳光正照着一幢老式的房子，它周围流着几条很深的小溪。从墙角那儿一直到水里，全盖满了牛蒡的大叶子。最大的叶子长得非常高，小孩子简直可以直着腰站在下面。像在最浓密的森林里一样，这儿也是很荒凉的。这儿有一只母鸭坐在窠里，她得把她的几个小鸭都孵出来。不过这时她已经累坏了。很少有客人来看她。别的鸭子都愿意在溪流里游来游去，而不愿意跑到牛蒡下面来和她聊天。

最后，那些鸭蛋一个接着一个地崩开了。“噼！噼！”蛋壳响起来。所有的蛋黄现在都变成了小动物。他们把小头都伸出来。“嘎！嘎！”母鸭说。他们也就跟着嘎嘎地大声叫起来。他们在绿叶子下面向四周看。妈妈让他们尽量地东张西望，因为绿色对他们的眼睛是有好处的。

“这个世界真够大！”这些年轻的小家伙说。的确，比起他们在蛋壳里的时候，他们现在的天地真是大不相同了。“你们以为这就是整个世界！”妈妈说，“这地方伸展到花园的另一边，一直伸展到牧师的田里去，才远呢！连我自己都没有去过！我想你们都在这儿吧？”她站起来，“没有，我还没有把你们都生出来呢！这只顶大的蛋还躺着没有动静。它还得躺多久呢？我真是有些烦了。”于是她又坐下来。

“唔，情形怎样？”一只来拜访她的老鸭子问。“这个蛋费的时间真久！”坐着的母鸭说，“它老是不裂开。请你看看别的吧，他们真是一些最逗人爱的小鸭儿！都像他们的爸爸——这个坏东西从来没有来看过我一次！”“让我瞧瞧这个老是不裂开的蛋吧，”这位年老的客人说，“请相信我，这是一只吐绶鸡的蛋。有一次我也同样受过骗，你知道，那些小家伙不知道给了我多少麻烦和苦恼，因为他们都不敢下水。我简直没有办法叫他们在水里试一试。我好说歹说，一点儿用也没有！——让我来瞧瞧这只蛋吧。哎呀！这是一只吐绶鸡的蛋！让他躺着吧，你尽管叫别的孩子去游泳好了。”“我还是在它上面多坐一会儿吧，”鸭妈妈说，“我已经坐了这么久，就是再坐它一个星期也没有关系。”“那么就请便吧。”老鸭子说。于是她就告辞了。

最后这只大蛋裂开了。“噼！噼！”新生的这个小家伙叫着向外面爬。他又大又丑。鸭妈妈瞧了他一眼。“这个小鸭子大得怕人，”她说，“别的没有一个像他，但是他一点儿也不像小吐绶鸡！好吧，我们马上就来试试看吧。他得到水里去，我踢也要把他踢下水去。”第二天的天气又晴和，又美丽，太阳照在绿牛蒡上。鸭妈妈带着她所有的孩子走到溪边来。扑通！她跳进水里去了。“呱！呱！”她叫着，于是小鸭子就一个接着一个跳下去。水淹到他们头上，但是他们马上又冒出来了，游得非常漂亮。他们的小腿很灵活地划着。他们全都在水里，连那个丑陋的灰色小家伙也跟他们在一起游。

“唔，他不是一个吐绶鸡，”她说，“你看他的腿划得多灵活，他浮得多么稳！他是我亲生的孩子！如果你仔细看一看他，他还算长得蛮漂亮呢。嘎！嘎！跟我一块儿来吧，我把你们带到广大的世界上去，把那个养鸡场介绍给你们看看。不过，你们得紧贴着我，免得别人踩着你们。你们还得当心猫呢！”

这样，他们就到养鸡场里来了。场里响起了一阵可怕的喧闹声，因为有两个家族正在争夺一个鳝鱼头，结果猫把它抢走了。“你们瞧，世界就是这个样子！”鸭妈妈说。她的嘴流了一点儿涎水，因为她也想吃那个鳝鱼头。“现在使用你们的腿吧！”她说，“你们拿出精神来。你们如果看到那儿的一个老母鸭，就得把头低下来，因为她是这儿最有声望的人物。她有西班牙的血统——因为她长得非常胖。你们看，她的腿上有一块红布条。这是一件非常出色的东西，也是一个鸭子可能得到的最大光荣，它的意义很大，说明人们不愿意失去她，动物和人统统都得认识她。打起精神来吧——不要把腿缩进去，一个有很好教养的鸭子总是把腿摆开的，像爸爸和妈妈一样。好吧，低下头来，说：'嘎'呀！"他们这样做了。别的鸭子站在旁边看着，同时用相当大的声音说："瞧！现在又来了一批找东西吃的客人，好像我们的人数还不够多似的！呸！瞧那只小鸭的一副丑相！我们真看不惯！"于是马上有一只鸭子飞过去，在他的脖颈上啄了一下。"请你们不要管他吧，"妈妈说，"他并不伤害谁呀！""对，不过他长得太大、太特别了，"啄过他的那只鸭子说，"因此他必须挨打！""那个母鸭的孩子都很漂亮，"腿上有一条红布的那个母鸭说，"他们都很漂亮，只有一只是例外。这真是可惜。我希望能把他再孵一次。"

"那可不能，太太，"鸭妈妈回答说，"他不好看，但是他的脾气非常好。他游起水来也不比别人差——我还可以说，游得比别人好呢。我想他会慢慢长得漂亮的，或者到适当的时候，他也可能缩小一点。他在蛋里躺得太久了，因此他的模样有点儿不太自然。"她说着，同时在他的脖颈上啄了一下，把他的羽毛理了一理。"此外，他还是一只公鸭呢，"她说，"所以关系也不太大。我想他的身体很结实，将来总会自己找到出路的。""别的小鸭倒很可爱，"老母鸭说，"你在这儿不要客气。如果你找到鳝鱼头，请把它送给我好了。"他们现在在这儿，就像在自己家里一样。

不过从蛋壳里爬出的那只小鸭太丑了，到处挨打，被排挤，被讥笑，不仅在鸭群中是这样，连在鸡群中也是这样。

"他真是又大又丑！"大家都说。有一只雄吐绶鸡生下来脚上就有距，因此他自以为是一个皇帝。他把自己吹得像一条鼓满了风的帆船，来势汹汹地向他走来，瞪着一双大眼睛，脸上涨得通红。这只可怜的小鸭不知道站在什么地方，或者走到什么地方去好。他觉得非常悲哀，因为自己长得那么丑陋，而且成了全体鸡鸭的一个嘲笑对象。

这是头一天的情形，后来一天比一天糟。大家都要赶走这只可怜的小鸭，连他自己的兄弟姐妹也对他生气起来。他们老是说：“你这个丑妖怪，希望猫把你抓去才好！”于是妈妈也说起来：“我希望你走远些！”鸭子们啄他，小鸡打他，喂鸡鸭的那个女佣人用脚来踢他。

于是，他飞过篱笆逃走了。灌木林里的小鸟一见到他，就惊慌地向空中飞去。“这是因为我太丑了！”小鸭想。于是他闭起眼睛，继续往前跑。他一口气跑到一块住着野鸭的沼泽地里。他在这儿躺了一整夜，因为他太累了，太丧气了。

天亮的时候，野鸭都飞起来了。他们瞧了瞧这位新来的朋友。

“你是谁呀？”他们问。小鸭一下转向这边，一下转向那边，尽量对大家恭恭敬敬地行礼。

“你真是丑得厉害，”野鸭们说，“不过只要你不跟我们族里任何鸭子结婚，对我们倒也没有什么大的关系。”可怜的小东西！他根本没有想到什么结婚，他只希望人家准许他躺在芦苇里，喝点儿沼泽的水就够了。

他在那儿躺了两整整天。后来有两只雁——严格地讲，应该说是两只公雁，因为他们是两个男的——飞来了。他们从娘的蛋壳里爬出来还没有多久，因此非常顽皮。“听着，朋友，”他们说，“你丑得可爱，连我都禁不住要喜欢你了。你做一个候鸟，跟我们一块儿飞走好吗？另外有一块沼泽地离这儿很近，那里有好几只活泼可爱的雁儿。她们都是小姐，都会说：‘嘎！’你是那么丑，可以在她们那儿碰碰你的运气！”“噼！啪！”天空中发出一阵响声。这两只公雁落到芦苇里，死了，把水染得鲜红。“噼！啪！”又是一阵响声。整群的雁儿都从芦苇里飞起来，于是又是一阵枪声响起来了。原来有人在大规模地打猎。猎人都埋伏在这沼泽地的周围，有几个人甚至坐在伸到芦苇上空的树枝上。蓝色的烟雾像云块似的笼罩着这些黑树，慢慢地在水面上向远方漂去。这时，猎狗都“扑通扑通”地从泥泞里跑过来，灯芯草和芦苇向两边倒去。这对于可怜的小鸭说来真是可怕的事情！他把头掉过来，藏在翅膀里。不过，正在这时候，一只骇人的大猎狗紧紧地站在小鸭的身边。它的舌头从嘴里伸出很长，眼睛发出丑恶和可怕的光。它把鼻子顶到这小鸭的身上，露出了尖牙齿，可是——扑通！扑通！——它跑开了，没有把他抓走。

“啊，谢谢老天爷！”小鸭叹了一口气，“我丑得连猎狗也不要咬我了！”他安静地躺下来。枪声还在芦苇里响着，枪弹一发接着一发地射出来。

天快要暗的时候，四周才静下来。可是这只可怜的小鸭还不敢站起来。他等了好几个钟头，才敢向四周望一眼，于是他急忙跑出这块沼泽地，拼命地跑，向田野上跑，向牧场上跑。这时吹起一阵狂风，他跑起来非常困难。到天黑的时候，他来到一个简陋的农家小屋。它是那么残破，甚至不知道应该向哪一边倒才好——因此它也就没有倒。狂风在小鸭身边号叫得非常厉害，他只好面对着狂风坐下来。它越吹越凶。于是他看到那门上的铰链有一个已经松了，门也歪了，他可以从空隙钻进屋子里去，他便钻进去了。

屋子里有一个老太婆和她的猫，还有一只母鸡住在一起。她把这只猫叫“小儿子”。他能把背拱得很高，发出咪咪的叫声来；他的身上还能迸出火花，不过要他这样做，你就得倒摸他的毛。母鸡的腿又短又小，因此她叫“短腿鸡儿”。她生下的蛋很好，所以老太婆把她爱得像自己的亲生孩子一样。

第二天早晨，人们马上注意到了这只来历不明的小鸭。那只猫开始咪咪地叫，那只母鸡也咯咯地喊起来。“这是怎么一回事儿？”老太婆说，同时朝四周看。不过她的眼睛有点儿花，所以她以为小鸭是一只肥鸭，走错了路，才跑到这儿来了。“这真是少有的运气！”她说，“现在我可以有鸭蛋了。我只希望他不是一只公鸭才好！我们得弄个清楚！”

这样，小鸭就在这里受了三个星期的考验，可是他什么蛋也没有生下来。那只猫是这家的绅士，那只母鸡是这家的太太，所以他们一开口就说：“我们和这世界！”因为他们以为他们就是半个世界，而且还是最好的那一半呢。小鸭觉得自己可以有不同的看法，但是他的这种态度，母鸡却忍受不了。

“你能够生蛋吗？”她问。

“不能！”

“那么就请你不要发表意见。”

于是雄猫说：“你能拱起背，发出咪咪的叫声和迸出火花吗？”

“不能！”

“那么，当有理智的人在讲话的时候，你就没有发表意见的必要！”

小鸭坐在一个墙角里，心情非常不好。这时他想起了新鲜空气和太阳光。他觉得有一种奇怪的渴望：他想到水里去游泳。最后他实在忍不住了，就不得不把心事对母鸡说出来。“你在起什么念头？”母鸡问，“你没有事情可干，所以你才有这些怪想头。你只要生几个蛋，或者咪咪地叫几声，那么你这些怪想头也就会没有了。”

“不过，在水里游泳是多么痛快呀！”小鸭说，“让水淹在你的头上，往水底一钻，那是多么痛快呀！”

“是的，那一定很痛快！”母鸡说，“你简直在发疯。你去问问猫吧——在我所认识的一切朋友当中，他是最聪明的——你去问问他喜欢不喜欢在水里游泳，或者钻进水里去。我先不讲我自己。你去问问你的主人——那个老太婆——吧，世界上再也没有比她更聪明的人了！你以为她想去游泳，让水淹在她的头顶上吗？”

“你们不了解我。”小鸭说。

“我们不了解你？那么请问谁了解你呢？你绝不会比猫和女主人更聪明吧——我先不提我自己。孩子，你不要自以为了不起吧！你现在得到这些照顾，你应该感谢上帝。你现在到一个温暖的屋子里来，有了一些朋友，而且还可以向他们学习很多的东西，不是吗？不过你是一个废物，跟你在一起真不痛快。你可以相信我，我对你说这些不好听的话，完全是为了帮助你呀。只有这样，你才知道谁是你的真正朋友！请你注意学习生蛋，或者咪咪地叫，或者迸出火花吧！”

“我想我还是走到广大的世界中去的好。”小鸭说。

“好吧，你去吧！”母鸡说。

于是小鸭就走了。他一会儿在水上游，一会儿钻进水里去。不过，因为他的样子丑，所有的动物都瞧不起他。秋天到来了。树林里的叶子变成了黄色和棕色。风卷起它们，把它们带到空中飞舞，而空中是很冷的。云块沉重地载着冰雹和雪花，低低地悬着。乌鸦站在篱笆上，冻得只管叫：“呱！呱！”是的，你只要想想这情景，就会觉得冷了。这只可怜的小鸭的确没有舒服的时候。

一天晚上，当太阳正在美丽地落下去的时候，有一群漂亮的大鸟从灌木林里飞出来，小鸭从来没有看到过这样美丽的东西。他们白得发亮，颈项又长又柔软。这就是天鹅。他们发出一种奇异的叫声，展开美丽的长翅膀，从寒冷的地带飞向温暖的国度，飞向不结冰的湖上去。

他们飞得很高——那么高，丑小鸭不禁感到一种说不出的兴奋。他在水上像一个车轮似的不停地旋转着，同时，把自己的颈项高高地向他们伸着，发出一种响亮的怪叫声，连他自己也害怕起来。啊！他再也忘记不了这些美丽的鸟儿，这些幸福的鸟儿。当他看不见他们的时候，就沉入水底；但是当他再冒到水面上来的时候，却感到非常空虚。他不知道这些鸟儿的名字，也不知道他们要向什么地方飞去。不过他爱他们，好像他从来还没有爱过什么东西似的。他并不嫉妒他们。他怎能梦想有他们那样美丽呢？只要别的鸭子准许他跟他们生活在一起，他就已经很满意了——可怜的丑东西。

冬天变得很冷，非常地冷！小鸭不得不在水上游来游去，免得水面完全冻结成冰。不过他游动的这个小范围，一晚比一晚缩小。水冻得厉害，人们可以听到冰块的碎裂声。小鸭只好用他的一双腿不停地游动，免得水完全被冰封闭。最后，他终于昏倒了，躺着动也不动，跟冰块结在一起。

大清早，有一个农民在这儿经过。他看到了这只小鸭，就走过去用木屐把冰块踏破，然后把他抱回来，送给他的女人。丑小鸭这时才渐渐地恢复了知觉。小孩子们都想要跟他玩，不过小鸭以为他们想要伤害他。他一害怕就跳到牛奶盘里去了，把牛奶溅得满屋子都是。女人惊叫起来，拍着双手。这么一来，小鸭就飞到黄油盆里去了，然后又飞进面粉桶里去了，最后才爬出来。这时他的样子才好看呢！女人尖声地叫起来，拿着火钳要打他。小孩们挤作一团，想抓住这小鸭。他们又是笑，又是叫！——幸好大门是开着的。他钻进灌木林中新下的雪里面去。他躺在那里，几乎像昏倒了一样。要是只讲他在这严冬所受到困苦和灾难，那么这个故事也就太悲惨了。当太阳又开始温暖地照着的时候，他正躺在沼泽地的芦苇里。百灵鸟唱起歌来了——这是一个美丽的春天。忽然间他举起翅膀：翅膀拍起来比以前有力得多，马上就把他托起来飞走了。他不知不觉地已经飞进了一座大花园。这儿苹果树正开着花；紫丁香在散发着香气，它又长又绿的枝条垂到弯弯曲曲的溪流上。啊，这儿美丽极了，充满了春天的气息！3只美丽的白天鹅从树荫里一直游到他面前来。他们轻飘飘地浮在水上，羽毛发出飕飕的响声。小鸭认出这些美丽的动物，于是心里感到一种说不出的难过。

“我要飞向他们，飞向这些高贵的鸟儿！可是他们会把我弄死的，因为我是这样丑，居然敢接近他们。不过这没有什么关系！被他们杀死，要比被鸭子咬、被鸡群啄、被看管养鸡场的那个女佣人踢和在冬天受苦好得多！”于是他飞到水里，向这些美丽的天鹅游去。这些动物看到他，马上就竖起羽毛向他游来。“请你们弄死我吧！”这只可怜的动物说。他把头低低地垂到水上，只等待着死。但是他在这清澈的水上看到了什么呢？他看到了自己的倒影。但那不再是一只粗笨的、深灰色的、又丑又令人讨厌的鸭子，却是——一只天鹅！

只要你是一只天鹅蛋，就算是出生在养鸭场里也没有什么关系。

对于他过去所受的不幸和苦恼，他现在感到非常高兴。他现在清楚地认识到幸福和美正在向他招手。——许多大天鹅在他周围游泳，用嘴来亲他。

花园里来了几个小孩子。他们向水上抛来许多面包片和麦粒。最小的那个孩子喊道：“你们看那只新天鹅！”别的孩子也兴高采烈地叫起来：“是的，又来了一只新的天鹅！”于是他们拍着手，跳起舞来，向他们的爸爸和妈妈跑去。他们抛了更多的面包和糕饼到水里，同时大家都说：“这新来的一只最美！那么年轻，那么好看！”那些老天鹅不禁在他面前低下头来。

他感到非常难为情。他把头藏到翅膀里面去，不知道怎么办才好。他感到太幸福了，但他一点儿也不骄傲，因为一颗好的心是永远不会骄傲的。他想他曾经怎样被人迫害和讥笑过，而他现在却听到大家说他是美丽的鸟中最美丽的一只鸟儿。紫丁香在他面前把枝条垂到水里去。太阳照得很温暖，很愉快。他扇动翅膀，伸直细长的颈项，从内心里发出一个快乐的声音：“当我还是一只丑小鸭的时候，我做梦也没有想到会有这么的幸福！”

准妈妈说给胎宝宝的话：丑小鸭历经千辛万苦、重重磨难之后变成了白天鹅。是金子早晚会发光，命运其实没有轨迹，关键在于对美好境界、美好理想的追求。人生中的挫折和痛苦是不可避免的，要学会把它们踩在脚下。每个孩子都会有一份属于自己的梦想，只要他们学会树立生活目标，在自信、拼搏中，他们会真正地认识到自己原来也可以变成“白天鹅”，也可以像丑小鸭一样实现心中的梦想，人只要有了梦想，困难就不再是困难了。

第30周 胎教计划

● 胎宝宝能够区分光明与黑暗了

本周胎宝宝从头顶到脚趾的长度约为40厘米，体重会继续稳步增长。在这个时候，通常胎宝宝可能已经能分辨光明与黑暗了。如果用手电筒照射准妈妈的腹部，他可能会伸出手去想要触摸手电筒的光线。此时，包裹着胎宝宝的羊水约有1升，不过，随着胎宝宝逐渐长大，羊水的量也逐渐变少。

● 准妈妈出现不规则宫缩

由于子宫压迫血管，准妈妈会伴有腰痛、水肿、痔疮等现象，阴道分泌物增多，排尿次数也增多了。子宫每天收缩4～5次，超过5次则有早产的危险，这个时期要保持绝对的安定，一旦发生不规则宫缩应立刻停下来休息，最好中午睡个午觉。

● 理解母亲感情的胎儿

日本幼儿开发协会理事长井深大先生曾经利用B型超声波仪观察过令人吃惊的胎儿活动，井深大先生同一位有30年经验的妇科医生夏山英一先生一起看了两组显示胎儿行动的B型超声波图像。

一组是母亲每个月都到医生这里来，利用超声波同胎儿见面，并以此作为乐趣。她怀孕17周时，发生了异常，护士说“羊水破了”，其实羊水还很充分，根本用不着担心。由于护士说破了，这位母亲惊慌失措地哭了起来，说：“不，不，连胎儿的脸都见过了，名字也起好了，可别让它流掉……医生，请您想想办法吧！”医生告诉她：“这是假羊水，没关系！”花费了很长时间进行说服工作，其间一直利用仪器监视胎儿的动静。从影像来看，胎儿活动发生了戏剧性的变化。开始时，动作比较缓慢，接着是吃惊般的动作，后来动作越来越奇怪了。头部、胸部和腹部抽动着，出现了奇怪的动作，也曾出现了轻微的痉挛。最后全身抽搐起来，动作是突发性的，没有连贯性，各部分还有微小的活动。

另一组是母亲哭泣时胎儿的图像。但是，这位母亲是因为高兴而哭泣的。她是一位37岁的妇女。一直想要孩子，经过10年，好不容易怀了孕。当她利用超声波装置第一次看到胎儿活动的情景时，激动得哭了起来。这时，胎儿总是缓慢而不停地活动着。母亲因激动脉搏逐渐加速。随之，胎儿的脉搏跳动也逐步加速，但却没有出现痉挛或其他特殊的动作，一直是比较舒畅的大动作。

据观察，母亲哭泣后都会心跳加速，但是胎儿活动状态却有着戏剧性的不同。

关于连接母亲与胎儿的复杂的神经激素的“通路”问题，人们现已获得大量的有关知识。

母亲与胎儿，在生理上并非只有一个大脑和自主神经机构，而是分别有其独自的神经系统与血液循环机能。所以，这些神经激素的通路，是母亲与胎儿交流情感的一种不可多得的手段，它具有极其重要的作用。

关于行为和思维的指令机构，当然是人的大脑，但其下达指令的过程却是在大脑的表层——大脑皮质内进行的。而且值得注意的是，大脑中所感觉与思考的事情在与大脑皮层直接相连的下丘脑本身的作用下，在下丘脑内转化为情感，继而转化为躯体的感觉。

目前，关于胎儿的神经系统在何种情况下最容易接受母亲应激反应时分泌出的剩余神经激素问题，尚不清楚。而且由这些神经激素引起的变化也未查明。但是，从最近的研究结果中获知，胎儿的下丘脑以及受此控制的内分泌系统和自主神经系统最易受到影响。

由于这方面例证太少，作为胎儿理解母亲感情变化证据来说，当然不能说已充分，但它已引起人们极大的关注和兴趣。

● 对话胎教：丰富胎宝宝的精神世界

到了怀孕的第8个月，生活在母亲腹中的胎儿已经是一个能听、能看、能“听懂”话、能理解父母的有生命、有思想、有感情的人了，父母对胎儿说话绝不是“对牛弹琴”。凝聚着父母深情的呼唤和谈话，一定会使胎儿聚精会神地倾听，作为父母应不失时机地加紧与胎儿之间的语言沟通与交流，对他施以良性刺激，以丰富胎儿的精神世界，这对开发胎儿的智力是有极大好处的。比如，可以告诉胎儿：“我的小宝宝，不久以后你就要出来了，妈妈好盼望这一天。你也一定很想和妈妈见面，是吗？”或者与丈夫一起对胎儿说：“为了迎接你的诞生，爸爸妈妈已经准备了整整10个月，外面的世界很美丽，你一定会喜欢的。”

在与胎儿讲话、给胎儿讲画册讲故事、教胎儿学文字的基础上，可通过视觉印象将图形的形状、颜色和母亲的声音一起传递给胎儿，教胎儿学算术和认识图形。在教胎儿学算术和认识图形的时候，要充分发挥想象力，将数字和图形变成立体的形象，这样会使胎儿学起来饶有兴趣，如将数字“1”联想为竖起来的铅笔。做算术也是一样，例如，教胎儿“1加1等于2”的时候，母亲可以这样对胎儿说：“这里有1个苹果，又拿来了1个苹果，现在一共有2个苹果了。”这就将具体的、有立体感的形象，导入语言刺激中去了。

● 语言胎教：故事《小蝌蚪找妈妈》

小蝌蚪找妈妈

暖和的春天来了，池塘里的冰融化了，柳树长出了绿色的叶子。青蛙妈妈在泥洞里睡了一个冬天，也醒来了。她从泥洞里慢慢地爬出来，伸了伸腿，扑通一声，跳进池塘里，在碧绿的水草上，生下了许多黑黑的、圆圆的卵。

春风吹着，阳光照着，池塘里的水越来越暖和了，青蛙妈妈生下的卵，慢慢地活动起来，变成一群大脑袋、长尾巴的小蝌蚪。小蝌蚪在水里游来游去，非常快乐。

有一天，鸭妈妈带着小鸭到池塘来游水。小鸭子们跟在妈妈后面，嘎嘎嘎叫着。小蝌蚪看见了，就想起了自己的妈妈。他们你问我、我问你：“我们的妈妈在哪里呢？”可是谁也不知道。

他们一齐游到鸭妈妈身边，问：“鸭妈妈，鸭妈妈，您看见过我们的妈妈吗？您告诉我们，她在哪里？”

鸭妈妈亲热地回答说：“看见过。你们的妈妈有两只大眼睛，嘴巴又阔又大。好孩子，你们到前面去找吧！”

“谢谢您，鸭妈妈！”小蝌蚪高高兴兴地向前面游去。

一条大金鱼游过来了，小蝌蚪看见大金鱼头顶上有两只大眼睛，嘴巴又阔又大。他们想：一定是妈妈来了，就追上去喊：“妈妈！妈妈！”

大金鱼笑着说：“我不是你们的妈妈。我是小金鱼的妈妈。你们的妈妈肚皮是白的，好孩子，你们去找吧！”

“谢谢您！金鱼妈妈！”小蝌蚪又向前面游去。

一只大螃蟹从对面游了过来。小蝌蚪看见螃蟹的肚皮是白的，就迎上去大声叫：“妈妈！妈妈！”

螃蟹摆着两只大钳子，笑着说："我不是你们的妈妈。你们的妈妈只有四条腿，你们看我有几条腿呀？"

小蝌蚪一数，螃蟹有八条腿，就不好意思地说："对不起呀，我们认错了。"一只大乌龟在水里慢慢地游着，后面跟着一只小乌龟。小蝌蚪游到大乌龟跟前，仔细数着大乌龟的腿："一条，两条，三条，四条。四条腿！四条腿！这回可找到妈妈啦！"

小乌龟一听，急忙爬到大乌龟的背上，昂着头说："你们认错啦，她是我的妈妈。"

大乌龟笑着说："你们的妈妈穿着好看的绿衣裳，唱起歌来'呱呱呱'，走起路来一蹦一跳。好孩子，快去找她吧！"

"谢谢您，乌龟妈妈。"小蝌蚪再向前面游过去。

小蝌蚪游呀游呀，游到池塘边，看见一只青蛙，坐在圆圆的荷叶上"呱呱呱"地唱歌。

小蝌蚪游过去，小声地问："请问您：您看见我们的妈妈吗？她有两只大眼睛，嘴巴又阔又大，四条腿走起路来一蹦一跳的，白白的肚皮绿衣裳，唱起歌来呱呱呱……"

青蛙没等小蝌蚪说完，就"呱呱呱"大笑起来。她说："傻孩子，我就是你们的妈妈呀，我已经找了你们好久啦！"

小蝌蚪听了，一齐摇摇尾巴说："奇怪！奇怪！为什么我们长得跟您不一样呢？"

青蛙笑着说："你们还小呢。过几天，你们会长出两条后腿来；再过几天，又会长出两条前腿。四条腿长齐了，脱掉尾巴，换上绿衣裳，就跟妈妈一样了。那时候，你们就可以跳到岸上去捉虫吃啦。"

小蝌蚪听了，高兴得在水里翻起跟斗来："呵！我们找到妈妈了！我们找到妈妈了！"

青蛙"扑通"一声跳进水里，带着小蝌蚪一块儿游玩去了。

后来小蝌蚪长大了，变成了小青蛙。小青蛙常常跳到岸上捉虫吃，还快活地唱着："呱呱呱，呱呱呱，我们长大啦！我们长大啦！我们会捉虫，捉尽了害虫，保护庄稼。"

● 语言胎教：故事《小猫钓鱼》

小猫钓鱼

有一天，大猫妈咪带着小猫儿子，到河边去钓鱼。

在路上，大猫对小猫说："猫仔啊！我们做猫的，无论做什么事都要一心一意，千万不能三心二意，钓鱼也是一样，三心二意的话，就会钓上来六条无头鱼，九条无尾鱼，还有八条半截鱼。"

小猫说："哇，为什么会这么神奇？"

大猫说："神奇什么呀！我的意思是，会钓上0条鱼，也就是一条都钓不到！所以说呢，专注是做猫的第一要义！"

小猫说："妈咪，你好像忘记带水桶了耶！"

大猫一看："对哦！"于是就气喘吁吁地跑回去拿水桶，再气喘吁吁地跑回来。

俩猫再向前走了一段，大猫又说："一心做好一件事，这个道理是很明显的，就好比抓老鼠一样，要专心再专心，钓鱼也是这样。"

小猫说："妈咪，你好像忘记带钓竿了哦！"

大猫一看："对哦！"于是就气喘吁吁地跑回去拿钓竿，再气喘吁吁地跑回来。

到了河边，大猫又再次叮嘱小猫："我们马上就要开始钓鱼了，你记住妈咪的话了吗？专心致志，不要精神分散，更不要丢三落四的哦！"

小猫说："妈咪，你好像又把水桶忘在家里了耶！"

大猫一看："对哦！"于是就气喘吁吁地跑回去拿水桶，再气喘吁吁地跑回来。

在河边坐下后，大猫再也不敢说什么了，俩猫开始安安静静地钓鱼。

不一会儿，一只蝴蝶飞了过来，大猫看见了，赶忙大叫："猫仔啊！千万不要去抓蝴蝶，世间都惊艳蝴蝶的绚丽，却不知道蝴蝶是色盲，我们还是一心一意地钓我们的鱼吧！"

小猫说："哦！我不会去抓蝴蝶的。"

一只蜻蜓飞了过来，大猫看见了，赶忙大叫：“猫仔啊！千万不要去抓蜻蜓，世间都羡慕蜻蜓点水的轻盈，却不知道蜻蜓是在生娃，我们还是一心一意地钓我们的鱼吧！”

小猫说：“哦！我不会去抓蜻蜓的。”

一架飞机飞了过来，大猫看见了，赶忙大叫：“猫仔啊！千万不要去抓飞机，世间都惊叹飞机的自由，却不知整个飞机有多重，我们还是一心一意地钓我们的鱼吧！”

小猫说：“哦！我……我才不敢去抓飞机。”

一艘UFO飞了过来，大猫看见了，赶忙大叫：“猫仔啊！有火星人！”

……

就这样，由于大猫不停地大喊大叫，从上午一直到下午，大猫一条鱼都没钓上来。它大发雷霆：“都怪你不一心一意，一会儿说想抓蝴蝶，一会儿说想抓蜻蜓，害得我光顾为你担心！钓不到鱼！我不是说了吗？做事不要三心二意呀！”

小猫委屈地说：“可是……可是我压根儿没想要去抓蜻蜓和蝴蝶啊……”

大猫怒气冲冲：“不要解释了，要不是你三心二意，怎么会一条鱼都钓不到？”

小猫说：“可我钓到鱼了呀！”

大猫定睛一看，小猫水桶里有一头鲸鱼、一尾鲨鱼和一条比目鱼。

“你……你看！这些本来是海里的鱼，就是因为你三心二意，都给你从河里面钓上来了！所以啊！小朋友们，读者们，三心二意是不对的！喵——”

第31周 胎教计划

● 胎宝宝长得更像新生儿了

本周胎宝宝从头部到脚跟的长度约为41厘米，体重约为1.5千克。胳膊、腿和身躯还在生长，最终将长得与头的大小成比例。事实上，他看上去更像是一个新生婴儿了。如果胎宝宝现在动得很厉害，不必担心，是因为他觉得空间太狭小了。

● 准妈妈感觉到胎动更加频繁

此时准妈妈能够感觉到子宫每天周期性地收缩4～5次，胎动逐渐频繁，腹中的胎儿时常拳打脚踢，有时会感到疼痛。体内的分泌物增多，应常换内衣，保持身体的清洁非常重要。

● 胎儿是怎样进行思维的

现在有各种各样的说法，但无论如何不应忘记胎儿6个月过后，意识必会萌芽这一无可辩驳的事实，意识很有可能影响胎儿神经系统的发育。

当然，胎儿6个月以前所受到的影响，虽然不能说是全部但大部分都是躯体上的。在这期间，胎儿的意识很少受到应激反应的影响。这是因为胎儿的大脑尚未成熟到将母亲的情感信息转换为情绪的地步。

譬如说，发怒是原始的情感。这一情感，只有当胎儿在大脑更为高级的中枢中捕捉到鲜明表象和特征时，才会转换为复杂的情绪，若想产生出复杂的情绪，胎儿必须首先感知母亲的情感，并对其加以分析，然后才能作出适当的反应。

也就是说，欲把情感或感觉转换为情绪，需要有一个感知过程，而且要求大脑皮层具有复杂的心算能力。胎儿在6个月以后，开始具有明确的自我，并能把感觉转换为情绪。这时，胎儿的性格才逐渐通过母亲的情绪信息得以形成。

随着胎儿识别能力的提高，理解情绪的能力也会不断增强。胎儿就像一台不断被存入程序的计算机，最初只能解开极其简单的情绪的方程式。但是，随着记忆和体验的加深，胎儿渐渐会解开极其复杂的“思维线路”。

例如，在胎儿3个月时，胎儿几乎不会受到“双重型”“冷淡型”母亲复杂的情绪信息的影响。但可认为胎儿会在原始的水平上感受到不快，而且这恐怕会对今后产生极为深刻的影响。

学过生物学的人都知道，生物是由简单向复杂进化的，胎儿的躯体也是如此。在长达9个月的胎儿期内，由原生质这种小得几乎无法辨认的“点”，演变成具有复杂的大脑、神经组织以及躯体的人体。与此相同，胎儿的精神也是由无意识的存在，发展为能够记忆和理解错综复杂的情感与情绪的存在。

● 意念胎教：想象胎宝宝的样子

在此期，准妈妈可以随时随地想象孩子未来可爱的样子。如准妈妈悠闲地躺在躺椅上，就可想象娇儿绕膝的场景，想象着宝宝在此种环境下的音容笑貌；当准妈妈在公园或其他环境优美的地方玩耍时，可想象带着漂亮宝宝，穿着漂亮服装在公园玩耍的情景等。准妈妈还可刻意地想象孩子的皮肤、眼睛、鼻子、嘴巴等都要长成什么样子，性格是要活泼的还是文静的，等等。这样久而久之，准妈妈就会通过意念胎教塑造出心目中完美的宝宝。

● 运动胎教：不妨做做孕妇体操

此期还应该对胎儿进行运动胎教，主要还是帮助胎儿运动，动作较以前可大一些。准妈妈仰卧或侧卧在床上，平静均匀地呼吸，眼睛凝视着正前方，全身肌肉最大限度地放松。准妈妈可用双手从不同的方向抚摩胎儿，左手轻轻压，右手轻轻放，右手轻轻压，左手轻轻放；或者用双手手心紧贴腹壁，轻轻地做旋转动作。可以左旋转，也可以右旋转，这时胎儿就会作出一些反应，如伸胳膊、蹬腿等。这种帮助胎儿运动的做法坚持一段时间后，胎儿就习惯了，或者形成了条件反射，只要母亲用手刺激，胎儿便很快进入运动状态。如果在帮助胎儿运动时，能够有适当的音乐伴奏，则效果更为理想。

除了帮助胎儿运动外，此时的准妈妈还应该做孕妇体操。这时由于身体笨重，很多准妈妈就不运动了，再加上吃得多，很容易发胖。一般而言，体重超重的话，容易患妊娠中毒症、高血压症、浮肿等各种各样的疾病，同时，也容易难产。

Tips 小贴士

适当的运动可以锻炼生产时必要的脚、腰以及肚子的肌肉，能使生产顺利地进行，还可以避免体重的增加。

● 语言胎教：故事《小猴尿床》

小猴尿床

小猴正在树上摘果子，忽然看见树下的小溪上漂来一只小纸船。“多好玩的小纸船，快把它捞上来。”小猴说着从树上往下一跳。哎哟，一屁股坐到了水里。

不好了，不好了，裤子湿啦！“没羞，没羞，小猴尿床啦！”午睡起床时，睡在小猴旁边的小狗喊起来。

小猴不好意思地说：“我想把纸船捞上来，没想到就坐在水里了。”

袋鼠阿姨走过来，说：“大家别笑小猴子，告诉你们吧，阿姨小时候也尿过床呢。”

“啊，阿姨也尿过床？”小动物都瞪大了眼睛。

“是呀，阿姨小的时候也梦见过小河，河里漂着一个大红苹果。阿姨高兴地下河去捞苹果，弄得浑身湿淋淋。醒来一看，原来是尿床了。”

“我也尿过床。我梦见大灰狼追我，我一着急就尿床了。”小白兔说。

“我也尿过，我梦见拿着水龙头去救火，结果……”小狐狸说。

“我梦见想小便，到处找厕所，后来就尿床了。”最后，连嘲笑人的小狗也承认说。

袋鼠阿姨微笑着拍拍小猴说：“好啦！下次再遇见要下水的时候就揪揪耳朵，要是做梦一揪耳朵就醒啦。”

小猴在海边玩耍，一艘轮船向他开来。啊，轮船！这不是做梦吧。小猴赶紧揪揪耳朵。好大的轮船呀，船上挂满彩色的旗帜，甲板上有人在向小猴挥手，响亮的汽笛声仿佛在召唤小猴说：“来和我们一起去旅行。”

“我要到大海上去旅行！”小猴不顾一切地迎着轮船向大海里跑去。结果呢？小猴又尿床了吗？

第32周 胎教计划

胎宝宝开始长头发了

本周胎宝宝从头顶到脚跟的长度约为42厘米，体重大约为1.7千克，皮下脂肪更加丰富，皱纹减少，看起来更像一个婴儿了。到了这个时候，胎宝宝可能已经长出了满头的头发，但也有可能只有几绺。虽然他的肺要到临产前才能发育完全，但是他已经在不停地吸入羊水了，这是他在锻炼肺部功能并练习呼吸，为出生后的生活做准备。

准妈妈的羊水量达到峰值

此时准妈妈子宫的上缘已经到达了脐与胸骨剑突之间，羊水量达到整个孕期的最高峰。如果晚上睡觉时还是保持平卧位，容易发生憋气、呼吸困难等。

能否对胎儿进行习惯培养

我们每一个人都有着各自的生活习惯，有的人习惯早睡早起，而有的人喜欢晚睡晚起，但不论我们每个人有什么习惯，养成一种良好的生活习惯是不容易的，有的人可能一辈子生活都是没有规律的。这是为什么呢？俗话说，“江山易改、本性难移”。也就是说人一旦养成了一种习惯，想改成另一种习惯是很困难的。

那么，一个人的习惯是什么时候养成的呢？有人说是儿童时期养成的，也有的人说是出生后逐渐养成的。早在胎儿时期一个人的某些习惯在母亲本身习惯的影响而潜移默化地继承下来，这不是哪个人的凭空想象，而是经过科学家实践证明的事实。让我们通过一项有趣的实验来看。

瑞典有一位医生叫舒蒂尔曼，他曾对新生儿的睡眠类型进行了实验，结果证明：新生儿的睡眠类型是在怀孕后几个月内由母亲的睡眠所决定的。他把孕妇分为早起型和晚睡型两种类型，然后对这些孕妇进行追踪调查。结果发现，早起型的母亲所生的孩子，天生就有同妈妈一样的早起习惯，而晚睡型母亲所生的孩子，也同其妈妈一样喜欢晚睡。

通过实验，我们是否可以得出这样一个结论：胎儿出生几个月内，可能和母亲在某些方面有着共同的节律，母亲的习惯将直接影响到胎儿的习惯。

Tips 小贴士

如果有些母亲本身生活无规律、习惯不良，那么从怀孕起就要从自身做起，养成一个良好的习惯，才能培养具有良好习惯的胎儿。

胎儿“监视”着母亲

从精子和卵子结合、新生命的开始，直到新生儿出生统称为胎儿期。在这段时间里，胎儿一直生活在母亲的子宫中，完全依靠母体而生存。在子宫内的各种经历对胎儿的智力发展和情感发育都很重要。

研究发现，怀孕32周时，胎儿就有了记忆力，他能够记住自己天天都听的那支乐曲，并能随着音乐的节奏摆动身体。因此，准妈妈每天都把脚抬高，并倾听同一首舒缓的乐曲对母子都有益处。怀孕33周时，胎儿的这种反应更为活跃，胎儿的听觉在32周到35周时就迅速敏锐起来，对胎儿最有吸引力的是妈妈的声音，因为他在大部分时间里都在倾听着这种特殊的“音乐”，当有声音的刺激时，他会把头转向某一个声源。胎儿还会感觉你的情绪，当你和人争吵甚至因为交通阻塞而烦躁的时候，你的胎儿也会焦躁不安，他还会用自己的动作（心跳加速或更多的踢动）来回应外界的情况。在降生前的最后3个月，胎儿甚至能够偷听大人讲话，分辨男性和女性的声音，并且“监视”母亲的情绪。

Tips 小贴士

作为母亲一定要平缓自己的情绪，因为这不仅是为了自己，更重要的是有利于胎儿的成长，是在教育孩子如何表达不同的情感，这将为孩子今后的生活打下良好的基础。

● 胎儿的习惯

据瑞士小儿科医生舒蒂尔曼博士的研究报告分析，新生儿的睡眠类型，是在怀胎后数月内由母亲所决定的。博士在此项研究中，以极其简单的事例证明了这一事实。

博士将孕妇分为早起和晚睡两种类型，然后分别对她们所生的孩子进行了调查。结果，不出所料，早起型母亲所生的孩子，一生下来就有早起的习惯；而晚睡型母亲所生的孩子，一生下来则有晚睡的习惯。这一实验表明胎儿出生前，母子之间就存在“感通”。因为舒蒂尔曼博士将调查的起点提前了一步，就发现胎儿与新生儿一样，会准确地适应母亲的日常生活节律。

新生儿能与自己的母亲“协调一致”是十分幸运的，因为协调一致是相当困难的事情。然而，常使我们发生兴趣的是，母亲和新生儿最初阶段保持协调一致并不太困难。据最近研究表明，母亲产后会本能地调节自己的情绪。如果事先未经“排练”，即使有这种本能，母亲和新生儿也绝不可能配合如此默契。据舒蒂尔曼博士的研究表明，在胎儿出生前的数月内，母亲和胎儿就已经把这一节律和情绪相互连接在一起了。从这项研究结果中可直接得出下述结论，即出生后母子间的“感通”，是出生前就早已开始的那一“感通”过程的延续。

● 语言胎教：故事《龟兔赛跑》

本周可以给胎宝宝读《龟兔赛跑》的故事，故事里小白兔和小乌龟活泼可爱的形象与童趣十足的对话，一定会让胎宝宝感到有趣极了。这里提醒准妈妈，千万不要只将故事的表面内容讲给胎宝宝听，还要透过现象看本质，将故事中小白兔和小乌龟各自的性格分析一下，告诉胎宝宝一些做人的道理，这对胎宝宝性格的培养与长大后的为人处世都有着非常好的教育意义。

龟兔赛跑

从前，乌龟与兔子之间发生了争论，它们都说自己跑得比对方快。于是它们决定通过比赛来一决雌雄。确定了路线之后，它们就开始跑了起来。

兔子一个箭步冲到了前面，并且一路领先。看到乌龟被远远抛在了后面，兔子得意地想，自己应该先在树下休息一会儿，然后再继续比赛。

于是，它在树下坐了下来，并且很快睡着了。乌龟慢慢地超过了它，并且完成了整个赛程，无可争辩地当上了冠军。兔子醒过来时，发现自己已经输了。

兔子因为输掉了比赛而感到失望，它做了一些失利原因的分析。兔子发现，自己失败只是因为过于自信而导致粗心大意、疏于防范。如果它不那么自以为是，乌龟根本没有获胜的可能。于是兔子向乌龟提出挑战：再比一次。乌龟同意了。

于是在这一次比赛中，兔子全力以赴，毫不停歇地从起点跑到了终点。它把乌龟甩在几公里之后。

● 语言胎教：故事《蚂蚁和蟋蟀》

蚂蚁和蟋蟀

在炎热的夏天，蚂蚁仍在辛勤地工作着，每天一大早便起床，紧接着一个劲儿地工作。蟋蟀呢？天天“叽里叽里、叽叽、叽叽”地唱着歌，游手好闲、养尊处优地过日子。每一个地方都有吃的东西，漫山遍野正是花朵盛开的时候，真是个快乐的夏天啊！

蟋蟀对蚂蚁的辛勤工作感到非常不解。“喂！喂！蚂蚁先生，为什么要那么努力地工作呢？稍微休息一下，像我这样唱唱歌不是很好吗？”可是，蚂蚁仍然继续工作着，一点儿也不休息地说：“在夏天里积存食物，才能为严寒的冬天做准备啊！我们实在没有多余的时间唱歌、玩耍！”蟋蟀听蚂蚁这么说，就不再理蚂蚁。“啊！真是笨蛋，干吗老想那么久以后的事呢！”

快乐的夏天结束了，秋天也过去了，冬天终于来了，北风呼呼地吹着，天空中下起了绵绵的雪花。蟋蟀消瘦得不成样子，因为到处都是雪，一点儿食物都找不到。“我若像蚂蚁先生，在夏天里储存食物该多好啊！”蟋蟀蹒跚地走在雪地上，眼看就要倒下来似的。而一直劳动着的蚂蚁一点儿也不担忧，因为它积存了好多食物，并且建了温暖的家。

当蟋蟀找到蚂蚁的家时，蚂蚁正快乐地吃着东西呢！“蚂蚁先生，请给我点儿东西好吗？我饿得快要死了！”蚂蚁吓了一跳。“咦！你不是在夏天里见过面的蟋蟀先生吗？你在夏天里一直唱着歌，我们还以为你到了冬天会是在跳舞呢！来吧！吃点儿东西，等恢复健康，再唱快乐的歌给我们听好吗？”面对着善良亲切的蚂蚁，蟋蟀忍不住流下了欣喜的眼泪。

怀孕9个月

胎教要点

妊娠的第9个月，胎儿已经基本发育成熟，此时早产的婴儿，只要精心呵护，仍可健康成长。此时的准妈妈由于增大的子宫，使行动很不方便，所以要保证足够的休息时间，但也要进行适当的运动，为顺利分娩做好准备，如做孕妇操、练习辅助分娩方法等。

这个时期很容易发生意外情况，如腹痛、阴道出血、血压升高、胎动次数减少等，这时必须及时到医院就诊。由于马上面临分娩，所以准妈妈和准爸爸都应为分娩做好充分的准备，共同为宝宝的出生创造一个良好的条件。

此期不能因为临近分娩而放松了对胎儿的胎教，此时的胎儿由于发育完善，所以各种胎教方法可以轮流使用，让胎儿在母亲腹中的最后时期过得愉快而轻松。此期可以进行的胎教有情绪胎教、音乐胎教、对话胎教、故事胎教、触摸胎教、视觉胎教等。

第33周 胎教计划

● 胎宝宝的体位开始发生变化

本周胎宝宝从头顶到脚跟的长度约为44厘米，体重约为2千克。从这个月开始一直到出生，宝宝体重的增长特别明显，出生时的体重有近半数都是在这两个月增加的。此时他可能已经在调整自己的胎位，为出生做准备了——头下脚上。在接下来的几周里，医生可能会密切关注宝宝的胎位。虽然他此时的胎位可能极佳，不过有些胎宝宝还是会再转上几圈。

● 准妈妈的体重快速增长

准妈妈的体重大约以每周250克的速度增长，主要是因为胎宝宝在出生前的最后几周内体重猛增，这段时间胎宝宝增长的体重大约是此前共增体重的一半还要多。

准妈妈会发现自己的肚脐变得又大又突出，躺着时变换姿势会很困难，睡觉时翻身也会不便。变大的子宫压迫膀胱，出现尿频，打喷嚏、咳嗽时会有小便漏出。

情绪胎教：放松心态，准备分娩

由于马上要面临分娩，很多准妈妈的精神会极度紧张，对分娩充满了恐惧感，这样会给胎儿带来一定的影响，不利于胎儿的发育。其实，准妈妈完全可以放下这种不必要的心理负担，因为孕期是一个正常的生理过程，从怀孕时的“合二而一”到分娩时的“一分为二”，就像瓜熟蒂落一样自然，不必为之过于紧张不安。作为生理过程，分娩时难免一疼，疼痛是对新生儿降临世界时第一次身体的“按摩”，其程度是大多数人能够承受的。情绪的放松还有助于分娩的顺利进行，缓解分娩时的疼痛。

Tips 小贴士

孕期全程的各种检查指标未必每次每项都正常，不要为一项不正常而提心吊胆地过日子。去做自己感兴趣的事情，如散步、听音乐等，转移自己的注意力。

语言胎教：故事《3只小猪盖房子》

3只小猪盖房子

猪妈妈有3个孩子，一个叫小黑猪，一个叫小白猪，还有一个叫小花猪。

有一天，猪妈妈让小猪们各自去盖一间房子。3只小猪高兴地接受了任务。走着，走着，看见前面有一堆稻草。小黑猪忙说：“我就用这稻草盖草房吧。”小白猪和小花猪一起向前走去，走着，走着，看见前面有一堆木头。小白猪连忙说：“我就用这木头盖间木房吧。”小花猪还是向前走去，走着，走着，看见前面有一堆砖头。小花猪高兴地说：“我就用这砖盖间砖房吧。”于是，小花猪一块砖一块砖地盖起来。不一会儿，汗出来了，胳膊也酸了，小花猪还不肯歇一下。砖房盖好啦！小花猪乐得直笑。

山后边的大灰狼听说来了3只小猪，便来到草房前，叫小黑猪开门。小黑猪不肯开，大灰狼用力撞一下，草房就倒了。小黑猪急忙逃向木房。木房里的小白猪听见呼救，连忙打开门，让小黑猪进来，又把门紧紧地关上。大灰狼来到木房前，叫小白猪开门。小白猪不肯开。大灰狼用力撞一下，小木房摇了摇。大灰狼又用力撞了一下，木房就倒了，小黑猪、小白猪急忙逃向砖房。砖房里的小花猪听了，连忙打开门，让小黑猪和小白猪进来，又紧紧地把门关上。

大灰狼来到砖房前，叫小花猪开门。小花猪不肯开。大灰狼用力撞一下，砖房一动也不动，又撞一下，砖房还是一动也不动。大灰狼用尽全身力气，对砖房重重地撞了一下，砖房还是一动也不动。大灰狼头上却撞出了3个疙瘩，四脚朝天地跌倒在地上。大灰狼看到房顶上有一个大烟囱，就爬上房顶，想从烟囱里钻进去。3只小猪忙在炉膛里添了许多柴，把炉火烧得旺旺的。大灰狼从烟囱里钻进去后跌进了大炉膛，被炉火烧死了。

● 语言胎教：朗读《家》

泰戈尔，印度诗人、哲学家和印度民族主义者，1913年获得诺贝尔文学奖，是第一位获得诺贝尔文学奖的亚洲人。他的诗在印度享有史诗的地位，代表作有《吉檀迦利》《飞鸟集》等。在他的诗中含有深刻的宗教和哲学的见解。对泰戈尔来说，他的诗是他奉献给神的礼物，而他本人是神的求婚者。

这是泰戈尔诗集《新月集》中的一首小诗，这个“孩子的天使”怀着初探世界的神秘期待，以纯粹的儿童眼光，为我们展示了一个更为浪漫、理想的诗之世界。大声朗读出来，宝宝会与你一同高唱的。

家

我独自在田野间的小路上走着，
夕阳像吝啬的财主，正收藏起它最后一点金黄。
日光渐渐地沉入深深的黑暗之中，
那收割后的田地孤寂沉默地躺着。
突然，一个男孩尖锐的声音划破了天际，
穿越了黑暗，留下他的歌声在静谧的黄昏里回荡。
他的家就在荒地边缘的村落里，
穿过甘蔗园，隐约在香蕉和直直的槟榔树，
以及椰子树和深绿色榴梿的浓荫里。
星光下我在独自行走的途中停留片刻，
看着在我面前展开的幽暗大地，
正用双臂拥抱着无数的家庭，
那里有摇篮和床铺，有妈妈们的心和夜晚的灯光，
还有那年幼的生命自然而愉悦，
全然不知这样的欢愉对于世界的价值。

第34周 胎教计划

胎宝宝开始长出脂肪层

本周胎宝宝身长约为45厘米，体重已经超过2.2千克。由于脂肪层开始长出，胎宝宝逐渐变得丰满而圆润。脂肪层能够帮助胎宝宝保持正常的体温，还能够在胎宝宝出生后帮助他调节体温。如果准父母此前还从未跟胎宝宝说过话，那么现在开始也不错，因为到了35周时他的听觉已经完全发育成熟了。

准妈妈的子宫继续增大

这个时候的准妈妈的乳房丰满，身形略显笨重，子宫上升至心口附近，压迫胃、心脏、肺，胸口疼痛、呼吸困难现象加重，肚皮变薄，在胎动时甚至能清晰地触摸到胎儿的肢体。但是光明即将出现，情况很快会有所缓解。大约36周时，胎宝宝的头部将开始下降，进入骨盆，到达子宫颈，这是在为即将到来的分娩做准备。那时你会觉得呼吸和进食舒畅多了。

故事胎教：选择不同主题的故事

故事胎教不仅可以促进胎儿的健康发育，还可以培养孩子丰富的想象力、独创性以及进取精神，所以父母一定要重视故事胎教。此时的胎儿虽然具有听力，但胎儿并不是通过耳朵而是通过大脑来接受语言的，所以父母在讲故事时，一定要注意把感情倾注于故事的情节中去，通过语气声调的变化使胎儿了解故事是怎样展开的。可以将画册中每一页所展示的幻想世界，用你富于想象力的大脑放大并传递给胎儿，从而促使胎儿的心灵健康成长。故事的内容应丰富多彩，只要是适合胎儿成长的主题都可采用，例如可以选择提倡勇敢、理想、幸福以及爱情的故事，也可以选择富于幻想的故事等。

● 语言胎教：朗读《春》

本周准妈妈可以充当一下朗诵演员，给胎宝宝朗读一段自己喜欢的优美散文。在音乐伴奏或歌曲伴唱的同时，朗读诗或词以抒发感情，也是一种很好的胎教形式。

如果你还不知选择哪段来给宝宝诵读，这里介绍一篇——朱自清的《春》。在朱自清的笔下，春草是如此的天真烂漫、活泼可爱。如果作者没有发自内心的由衷的喜爱之情，怎能写出这等精彩之笔！作者对春天真挚的赞美之情，已不留痕迹地融入了景物描写之中，让准妈妈读来回味无穷。

春

盼望着，盼望着，东风来了，春天的脚步近了。

一切都像刚睡醒的样子，欣欣然张开了眼。山朗润起来了，水涨起来了，太阳的脸红起来了。

小草偷偷地从土地里钻出来，嫩嫩的，绿绿的。园子里，田野里，瞧去，一大片一大片满是的。坐着，躺着，打两个滚，踢几脚球，赛几趟跑，捉几回迷藏。风轻悄悄的，草软绵绵的。

桃树，杏树，梨树，你不让我，我不让你，都开满了花赶趟儿。红的像火，粉的像霞，白的像雪。花里带着甜味，闭了眼，树上仿佛已经满是桃儿，杏儿，梨儿。花下成千成百的蜜蜂嗡嗡地闹着，大小的蝴蝶飞来飞去。野花遍地是：杂样儿，有名字的，没名字的，散在草丛里像眼睛像星星，还眨呀眨的。

“吹面不寒杨柳风”，不错的，像妈妈的手抚摩着你，风里带着些新翻的泥土的气息，混着青草味儿，还有各种花的香，都在微微润湿的空气里酝酿。鸟儿将巢安在繁花嫩叶当中，高兴起来了，呼朋引伴地卖弄清脆的歌喉，唱出婉转的曲子，跟清风流水应和着。牛背上牧童的短笛，这时候也成天嘹亮地响着。

“一年之计在于春”，刚起头儿，有的是工夫，有的是希望。

● 语言胎教：宝宝就要和妈妈见面了

孕期马上就要终止，准妈妈所能享受的孕育生涯也只有几日之遥，应该好好珍惜。在孕期的最后一段日子，教一教胎儿出生后该做的事，给胎儿讲一讲他所能看到的这个大千世界。然后告诉胎儿，父母会爱他，保护他，会给他以安全和保障，父母亲在热切地等待他的安全降生，给胎儿以信心，教胎儿愉快地降生，这同时也在增强准妈妈自身的分娩信心，增加分娩的愉快心理。

从怀孕的第6个月起，尤其是第8个月以后，胎儿记忆的模式是有规律的。此时，胎儿脑部和神经系统的发育已经足够成熟，脑部的记忆到了9个月大时，其运作功能就已经接近成人的程度。

我们不记得某些特定事件或情境，并不代表这些经验和相关的情感再也无法重现。即使是埋在很深处的记忆，依然会影响我们的情绪。但是，有一种东西会促使记忆埋入潜意识，那就是催产素，这是一种能控制阵痛收缩的激素。近年来的研究显示，在实验室里，把高剂量的催产素注入动物体内，会导致它们失忆，即使是训练有素的动物，也会在催产素的作用下，丧失先前已经学会的能力。我们确实知道，阵痛的产妇会分泌大量催产素，而影响孩子的生理系统。所以假如大多数人都不记得出生时的事情，那或许是因为我们的出生记忆被阵痛和出生时的大量催产素给冲洗掉了。

第35周

胎教计划

胎宝宝的睡眠开始有规律了

本周胎宝宝身长45厘米左右，体重大约为2.4千克。很快，当准妈妈的子宫壁和腹部由于拉伸而变得更薄的时候，更多的光亮会照射进来，宝宝的睡眠会变得有规律。这个时候，胎宝宝的手指甲和脚趾甲正在逐渐长成，一对肾脏已经发育完全。有的胎宝宝已长出了一头胎发，也有的头发稀少，前者并不意味着将来宝宝头发就一定浓密，后者也不意味着将来宝宝头发就一定稀疏，所以不必太在意。

子宫里的空间已显得很拥挤，胎宝宝的活动余地小多了。这时每当胎宝宝在你腹中活动时，他的手肘、小脚丫和头部可能会清楚地在你的腹部凸显出来，这是因为此时的子宫壁和腹壁已变得很薄了。会有更多的光亮透射进子宫，这会使胎宝宝逐步建立起自己每日的活动周期。

准妈妈的不规则宫缩增多

由于胎宝宝增大，并且逐渐下降，相当多的准妈妈此时会觉得腹坠腰酸，骨盆后部附近的肌肉和韧带变得麻木，甚至有一种牵拉式的疼痛，使行动变得更为艰难。你还会感到骨盆和耻骨联合处酸疼不适，不规则宫缩的次数增多，这些都标志着胎宝宝在逐渐下降。

● 触摸胎教：跟宝宝互动起来

此时胎儿体表的绝大部分细胞已经具有接受信息的能力了，并且能够通过触觉神经来感受体外的刺激，而且反应渐渐灵敏。所以准妈妈或准爸爸用手在准妈妈腹壁轻轻地抚摩胎儿，可引起胎儿触觉上的刺激，促进胎儿感觉神经及大脑的发育。抚摩从胎儿头部开始，然后沿背部到臀部至肢体，轻柔有序。这种胎教方式从妊娠20周后胎动出现时就可以进行了，到了妊娠晚期也要坚持进行，每晚临睡前进行，每次抚摩以5～10分钟为宜。如果胎儿对抚摩的刺激不高兴，就会用力挣脱或者用蹬腿来反应，这时，父母应该停止抚摩。如果胎儿受到抚摩后，过了一会儿才以轻轻地蠕动做出反应，这种情况可继续抚摩。

抚摩可与数胎动及语言胎教结合进行，这样既落实了围产期的保健，又使父母及胎儿的生活妙趣横生。法国心理学家农贝尔钠·蒂斯认为，父母可以通过抚摩的动作配合声音与子宫中的胎儿沟通信息，这样做可以使胎儿有一种安全感，使孩子感到舒服和愉快。

● 音乐胎教：欣赏名曲《雪花飞舞》

阿希尔·克劳德·德彪西是19世纪末20世纪初欧洲音乐界颇具影响的作曲家、革新家，同时也是近代印象主义音乐的鼻祖，对欧美各国的音乐产生了深远的影响。德彪西的代表作品有管弦乐《大海》《牧神午后前奏曲》，钢琴曲《前奏曲》和《练习曲》，而他的创作最高峰则是歌剧《佩利亚斯与梅丽桑德》。第一次世界大战期间，他写过一些对遭受苦难的人民寄予同情的作品，创作风格也有所改变。此时他已患癌症，并于1918年德国进攻巴黎时去世。

《雪花飞舞》这首乐曲是根据法国作曲家德彪西所创作的钢琴组曲《儿童园地》中的第四首改编的。乐曲开始，高音区奏出一小节柔和而清淡的旋律，接着第二小节模仿雪花在逐渐变大，随着音乐节奏的加快、密集音型在快速地流动和不断重复中游离，惟妙惟肖地模仿了漫天飞雪的景象，同时，乐曲弥漫着一丝淡淡的忧郁。第二部分连续的三连音、丰富的和声色彩、多变的节奏与音色、渐强的力度变化，仿佛漫天的大雪、刺骨的寒风，也使人隐约感到狂躁与不安。第三部分减弱力度、逐渐上行音区，仿佛漫天的大雪、刺骨的寒风已逐渐变为纷纷扬扬的雪花。最后，大地变得一片沉寂。

● 音乐胎教：欣赏名曲《牧童短笛》

贺绿汀，音乐教育家、作曲家，早年即投身于革命并进行音乐创作。后入上海国立音专，攻读音乐。1934年所作钢琴曲《牧童短笛》《摇篮曲》在“征求中国风味的钢琴曲”评选中分别获头等奖和名誉二等奖。此后进入电影界，为进步电影《风云儿女》《十字街头》《马路天使》等创作音乐。抗日战争期间创作了《游击队歌》《垦春泥》《嘉陵江上》等歌曲，广为流传。解放战争期间，又创作了管弦乐小品《森吉德玛》《晚会》等佳作。新中国成立后，任上海音乐学院院长和中国音协副主席，主要从事培养音乐人才，但仍坚持音乐创作园地上的耕耘。

19世纪上半叶，当西欧的钢琴音乐已经进入浪漫主义黄金时代时，中国开始传入欧洲的现代钢琴，随着教堂和新学堂在中国的兴起，钢琴逐渐被中国人接受并在中国得到推广和应用。在当时还没有出现能独立举办钢琴独奏会的中国钢琴家之前，一些音乐家们已开始创作中国自己的钢琴音乐作品了。从赵元任所作的第一首钢琴小曲《和平进行曲》，到之后的《偶成》《小朋友进行曲》《锯大缸》（李荣寿曲）等，这些构思简单、曲式短小、专业技巧相当于儿童钢琴初级教材程度的小曲，均在民间音调因素的基础上对欧洲传统和声尝试性地进行了结合运用，为后来中国钢琴曲的专业创作提供了宝贵的经验。

之后的1927年，萧友梅在上海创办的“上海国立音乐院”，为中国钢琴艺术的发展奠定了基础。同时，他以校长名义高薪特聘俄籍钢琴家查哈罗夫、阿克萨可夫、皮得罗娃等教授主持音专钢琴教学工作，更是对中国钢琴艺术发展产生了重要的深远影响。正是查哈罗夫等外籍钢琴教授的到来，使得中国当时唯一的高等音乐学府——国立上海音专的钢琴水平，由当初弹小奏鸣曲、钢琴小品的初级、中级程度，迅速向高水准的演奏艺术发展。而1931年考入上海国立音专的贺绿汀，也正是边从黄自学作曲，边从查哈罗夫、阿克萨可夫学钢琴。在名师的指导下，经过不断的努力刻苦学习，贺绿汀在作曲和钢琴方面都有了长足的进步。终于在1934年，由俄罗斯著名作曲家亚历山大·车列浦宁（中国名：齐尔品，彼得堡人，1934～1937年在中国居住，从事钢琴演奏和创作。作为著名的作曲家和钢琴家，他于1934年4月在上海音专举行了自己作品的钢琴演奏音乐会，当即被该校聘为名誉教授）个人出资创办的中国音乐史上首次“征求中国风格钢琴曲”的创作评奖活动中，贺绿汀创作的《牧童短笛》，以其美妙的旋律、新颖的手法一举夺得引人注目的一等奖。以《牧童短笛》为首的六首中国钢琴风味作品的诞生，立刻引起世人关注，成为人们研究、借鉴的成功典范。这次比赛对于当时尚处于起步状态的中国钢琴音乐创作和后来钢琴音乐的发展，具有深远的意义。

《牧童短笛》是一首标题音乐的三段式小曲，从写实出发，描写了中国20世纪30年代的农村风光，远处的山、近处的田、弯曲的池塘边柳枝飘动，两个穿背心短裤的小牧童坐在牛背上，悠闲自得地吹着竹笛。这首乐曲没有用中国任何一首民间音调的乐曲作素材，完全是作者植根于中国民间，由心底自然流出的一支充满中国泥土芳香、带有浓郁中国特色的乐曲。

第36周 胎教计划

● 胎宝宝即将足月

本周胎宝宝身长约为47.4厘米，体重是2.7千克左右。此时，准妈妈可能会感到下腹部的压力持续增加，因为胎宝宝正在进入准妈妈的骨盆，准备出生了。到这周末胎宝宝就算足月了，此时胎宝宝随时都可安全出生，不会再被视为早产儿。

胎宝宝的头骨现在还很柔软，而且每块头骨之间还留有空间，这是为了在分娩时使胎宝宝的头部能够顺利通过狭窄的产道。但是现在胎宝宝身体其他部分的骨骼已经变得结实起来，皮肤也不再那么又红又皱了，皮下脂肪明显增加，身体开始变得圆润。

如果是个男孩，他的睾丸很可能已经从腹腔降入了阴囊，但是也有的胎宝宝的一个或两个睾丸在出生后当天才降入阴囊。别担心，绝大多数的男孩都会是正常的。如果是个女孩，她的大阴唇已明显隆起，左右紧贴。这说明胎宝宝的生殖器官发育也已近成熟。

● 准妈妈的子宫继续增大

准妈妈的子宫继续增大，宫底位于剑突下两指左右。体重增加不应该超过每周0.5千克，如果体重增加过快，可能存在潜在的水肿问题，需要引起高度重视。

此时的宝宝肺部已经发育完善，所以即使早产真的发生也不要太过担心。因此在35周后发生的早产，医生是不会给予保胎治疗的，通常情况下会顺其自然，让宝宝按照自己的意愿提前些日子和爸爸妈妈见面。但是在生产前有一件事是必须进行的，医生会给你注射小剂量的皮质类固醇激素，如地塞米松，帮助促进胎儿肺部表面活性物质的生成，然后你就可以放心地分娩了。

● 视觉胎教：帮助训练宝宝的作息规律

在妊娠的第9个月时，胎儿已经对光线的明暗有了反应。但此时的胎儿还看不到东西，因为胎儿的视神经和视网膜都尚未发育成熟，强光会刺激胎儿的眼睛，使胎儿觉得很不舒服，所以如果使用强光照射孕妇腹部，为了避免受到光线刺激，胎儿会将脸转到一旁或闭上眼睑。而不太刺激的光线，可给予胎儿脑部适度的明暗周期，刺激脑部的发达，会使胎儿有眨眼的动作，并且会感兴趣地将头部转向光源的位置。

所以在此时，当胎儿醒觉（胎动）时，用手电筒的微光一闪一灭地照射孕妇腹部，以训练胎儿昼夜节律，即夜间睡眠，白天觉醒，促进胎儿视觉功能及脑的健康发育。光照胎教可选择在每天早晨起床前与每晚看完新闻联播及天气预报之后进行，以便日后养成孩子早起床、晚学习的好习惯。日本一位胎教专家说，只要胎教方法得当，完全能够生出一位脑力非凡的婴儿。但并非光线刺激胎儿，就一定会生出聪明的孩子。对胎儿而言，他最喜欢的亮度为透过母亲腹壁，进入子宫的微弱光线。在晴朗的日子到公园散步时，准妈妈可将手放在腹上，轻轻地对宝宝说："小家伙，你知道现在的天气多好吗？"适量的光线和母亲温柔的声音，对即将出生的胎儿而言，是一种舒服的刺激。

● 音乐胎教：欣赏名曲《献给爱丽丝》

贝多芬是集西方古典乐派之大成，开浪漫乐派之先河的伟大作曲家。人们都比较熟悉他的交响曲、协奏曲、室内乐和歌剧等大型作品，但是他的为数不多的器乐小品，也同样给人留下了深刻的印象。钢琴小品《献给爱丽丝》就是其中比较著名的一首。

贝多芬一生没有结过婚，但是他一直盼望着能得到一位理想的伴侣。因此，这类事在贝多芬的生活中也有些浪漫色彩的故事流传。1808～1810年间，贝多芬已经年近40岁。他教了一个名叫特蕾泽·玛尔法蒂的女学生，并对她产生了好感。在心情非常甜美、舒畅的情况下，他写了一首《A 小调巴加泰勒》的小曲赠给她。“巴加泰勒”意思是小玩意儿。贝多芬还在乐谱上题上了“献给特蕾泽”这样几个字。以后，这份乐谱一直留在特蕾泽那里。贝多芬逝世以后，在他的作品目录里也没有这支曲子。直到19世纪60年代，德国音乐家诺尔为写贝多芬传记，在特蕾泽·玛尔法蒂的遗物中，才发现了这首乐曲的手稿。1867年，在斯图加特出版这首曲子的乐谱时，诺尔把曲名错写成《献给爱丽丝》。从此，人们反而忘记了《献给特蕾泽》的原名，而称之为《献给爱丽丝》了。

《献给爱丽丝》基于一个淳朴而亲切的主题，这个主题把特蕾泽温柔、美丽的形象作了概括的描绘。它在这支曲子里先后出现了16次，因此给人以极为深刻的印象，好似贝多芬有许多亲切的话语正向特蕾泽诉说。后半部分左右手交替演奏分解和弦，犹如二人亲切地交谈。

《献给爱丽丝》全曲由5段组成。A段用的是A小调，显得温柔而亲切。然后，转到C大调，它是A小调的关系大调，情调顿时明朗起来。B段转到F大调上，出现一个新的曲调。这个曲调，感情更加明朗。经过一连串快速音的过渡，又回到A段。C段多用和弦，气氛有了转换。情绪显得严肃而稳重，好似作者在沉思。接下去，出现了一个由三连音组成的乐句。表现热烈的情感。经过一段下行半音阶的过渡，又把乐曲引回到A段。

乐曲在非常优美和温柔的气氛中结束。

献给爱丽丝

贝多芬 曲
红 岚 词
冰 河 改编

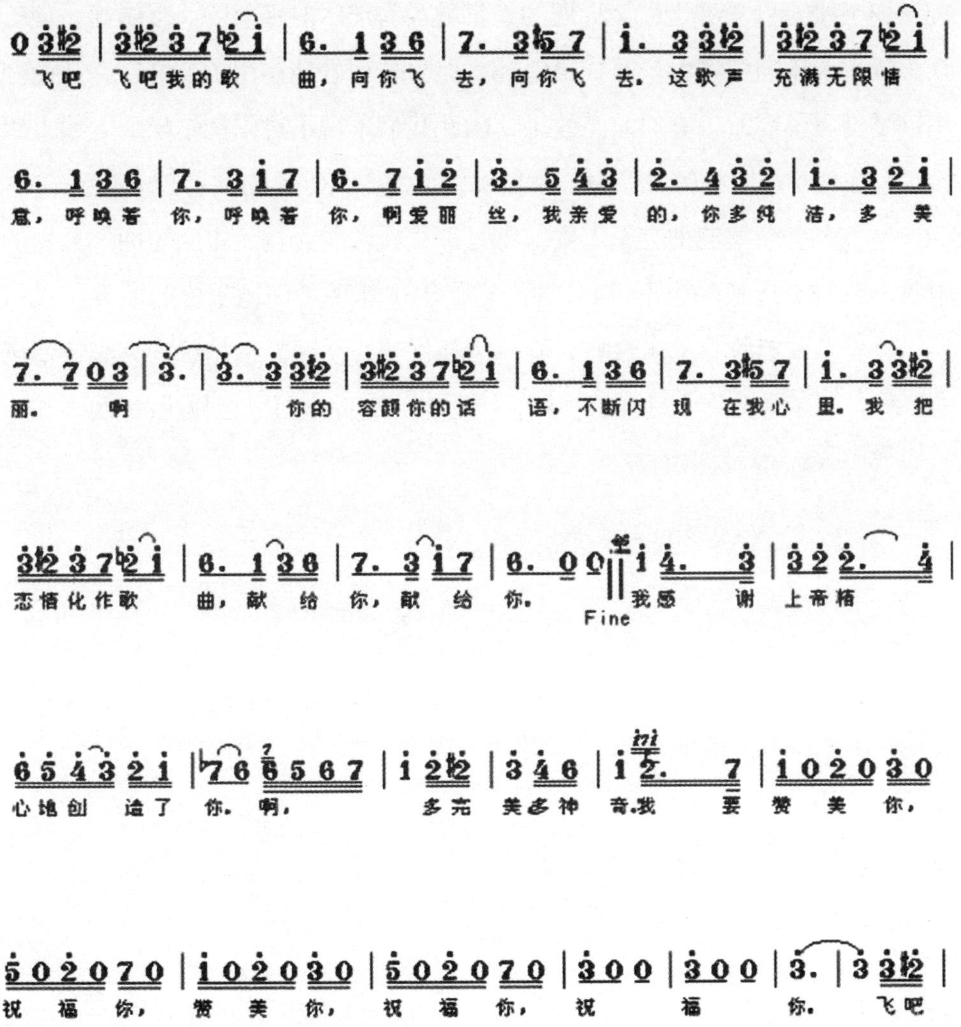

● 音乐胎教：欣赏名曲《春之歌》

《春之歌》选自门德尔松的钢琴独奏曲集《无词歌集》。门德尔松是德国作曲家，与舒曼同为德国浪漫主义音乐的杰出代表。这支曲子是门德尔松创作的所有无词歌中最为著名的曲子，不仅用于钢琴独奏，还被改编成管弦乐曲以及小提琴和其他乐器的独奏曲而广为流传，深受世界人民喜爱。

这首被冠以《春之歌》标题的无词歌具有流水般轻柔的浪漫旋律，使听众沉醉于快乐的气氛中。曲式虽单纯，但十分巧妙地运用了装饰音，从而利用钢琴创下了前所未有的漂亮效果，由此我们不得不对门德尔松的天才发出赞叹。在伴奏与踏板的关系中，也显示出浪漫主义时代的钢琴音乐特色。

它们与传统奏鸣曲完全不同，都是即兴式的、无拘无束的短曲，最短的不到一分钟，最长的也不过4分钟。它们集中体现了门德尔松的浪漫主义气质，首首精致典雅、隽永含蓄，旋律清新优美，手法简洁精练，充满诗情画意，像是一朵朵月光下盛开的小花，清香怡人，完全可以当作小品听。

怀孕10个月
胎教要点

怀孕的第10个月，由于马上要面临分娩，很多准妈妈会变得很紧张，对分娩充满了恐惧感。其实这完全是没有必要的担心，分娩对女性来说是很正常的一件事情，几乎每个人都会经历，所以每一个孕妇都应该以积极的心态去面对分娩，多想想可爱的宝宝，就会轻松很多。

此期的准妈妈应该学习一些有关分娩的知识，对分娩先兆要有足够的认识，才能以平和的心态迎接随时可能到来的分娩。仍然要进行适当的锻炼，为顺利分娩做好准备。此期有可能出现一些异常现象，如前置胎盘、胎盘早剥、羊水过多或过少、过期妊娠等，一旦发现要及时到医院进行处理。

此期的胎教仍然应该按时进行，可将音乐胎教、对话胎教、视觉胎教、意念胎教、运动胎教等胎教方法综合应用，对胎儿进行全面的训练。

第37周
胎教计划

● 胎宝宝的头已经入盆

本周胎宝宝身长50厘米左右，体重约为2.8千克。很多胎宝宝的头上此时已经长满了头发，头发大约有2.5厘米长。如果胎宝宝的头已经入盆，并且受到了骨盆的支撑，那么就给他的身体腾出了一点儿地方。

● 准妈妈应该做好入院准备

马上就要和宝宝见面了，准妈妈现在可能既紧张又焦急，既盼望宝宝早日降生，又对分娩的痛苦有些恐惧。这个月应该适当活动、充分休息，密切关注自己身体的变化，随时做好入院准备。

● 产前也应进行胎教

随着妊娠天数的增加，尤其到了妊娠后期，准妈妈开始盼望孩子早日降生。越往后准妈妈的这种心理越是强烈，临到预产期，有的准妈妈会变得急不可待。熬过了漫长的孕期，关键是想看看孩子是什么样的，这种心理可以理解，但不可取。要知道，新生儿所具有的一切功能，产前的胎儿已完全具备。一条脐带连接了母子两颗心，无论是在情感上还是在品性上，母亲都会无可辩驳地影响着胎儿心智的发育。母亲着急，心境不好，也会影响到胎儿在最后一段时间里生活不宁，这实在要不得。

十月怀胎，一朝分娩。分娩是早一天晚一天的事，孩子到时候自会降临，所以，根本不必为最后的几天急切。10个月都熬过来了，不差这几天。准妈妈要安心度过最后几日。要知道，孕期马上就要终止，准妈妈所能享受的孕育生涯也只有几日之遥，这应好好珍惜才对。在孕期的最后一段日子里，教一教胎儿出生后该做的事，给胎儿讲一讲他所能看到的这个大千世界。然后告诉胎儿，父母会爱他、保护他，会给他以安全和保障，父母亲在热切地等待他的安全降生。给胎儿以信心，教胎儿愉快地降生，这同时也在增强孕妇自身的分娩信心，增加分娩的愉快心理。

● 音乐胎教：玄妙的助产音乐

自古以来，分娩对于产妇来说都是一件痛苦的事情。如何消除产妇的恐惧，减少分娩的痛楚，成为有关专家们研究的课题。专家首先从缓解产妇的紧张情绪入手，特制了助产音乐唱片。这种专供产妇分娩过程中聆听的音乐，既不是流行音乐，也不具有娱乐性，其目的是进一步使母亲专注于分娩，缓解其激动、不安的情绪。

这首乐曲长达70分钟，其中除了有各种乐器声外，还有胎儿的心跳声。乐曲从16节拍的主旋律入手，不断重复节奏，使母亲产生相应的节奏感，呼吸变得更有规律和有层次，提高了母亲在分娩过程中的呼吸技巧。不论乐曲从何处开始播放，母亲都能很轻易地进入主旋律。

这首乐曲只有在产房中正式播放，产妇在临盆时聆听方能奏效。一位听音乐顺利产下婴儿的女士说：“……没播音乐时我只感到孤独和害怕，音乐使我感到除我之外，整个空间都和我一起移动。”

产妇若能一边听音乐一边分娩，就能在痛苦的过程中体验即将为人母的幸福和自豪。

● 美育胎教：欣赏《草地上的圣母》

拉斐尔是意大利杰出的画家，和达·芬奇、米开朗琪罗并称文艺复兴时期“艺坛三杰”。他的作品博采众家之长，形成了自己独特的风格，代表了当时人们最崇尚的审美趣味，成为后世古典主义者不可企及的典范。其代表作有油画《西斯廷圣母》、壁画《雅典学院》等。

《草地上的圣母》是意大利文艺复兴绘画的杰出代表之一。拉斐尔借助宗教主题表现现实与理想相结合的完美女性形象，以颂扬人性中的至善、至美。画面中的人物画得令人赞叹不已，圣母俯视着两个孩子，她的表情使人难以忘怀。

在画中圣母子呈三角形构图，两个可爱的孩子又构成另一个三角形。圣母侧身而坐，她照看着两个正在嬉戏的孩子。图中两个孩子明亮的肤色在圣母深蓝的外衣及绿色的草原之前明显地浮现出来，圣婴耶稣正玩弄着施洗约翰谨慎交出的十字架，这使圣母的表情慈爱静谧又微妙，笼罩着预感儿子未来命运的忧郁。

画面线条柔和，远景优美，近景是鲜花遍地，天空有几朵轻盈的白云，映着柔和的微光。情与景富有浓郁的诗意，洋溢着人世间天伦之乐的幸福、美好的情调。由于拉斐尔与达·芬奇的密切接触，从这幅画中我们很容易联想到《蒙娜丽莎》那静谧冥想微妙心理的表现方式。

第38周 胎教计划

● 胎宝宝基本发育成熟

本周胎宝宝的平均体重为3千克～3.2千克。胎宝宝仍在生长，并且继续增加体内的脂肪储备，这些脂肪是用来调节体温的。此时，胎宝宝的器官系统均已发育成熟，他的肺将是最后成熟的，这也是早产儿需要辅助呼吸的原因。

● 准妈妈随时准备待产

在历尽千辛万苦后，准妈妈终于到达了十月怀胎的终点，大概60%的孕妇会在这两周内产下自己的宝宝。那么在这个关键时期，准妈妈要时刻关注自己身体的变化，以应对突如其来的生产。

● 音乐胎教：将丰富的联想传递给胎宝宝

此时，准妈妈可采用多种方法综合使用来对胎儿进行胎教，有利于胎儿大脑的发育，但要注意选用声波成分中不含声压很强的高频声波以及舒缓优美、节奏不强、力度不大的音乐。每晚餐后2小时，胎儿醒着时听10～12

分钟。

最常用的是音乐熏陶法，母亲每天欣赏音乐名曲，在欣赏音乐中，既可以调节情绪，又可以通过准妈妈丰富的联想将音乐的美好传递给胎儿，让胎儿间接接受音乐的熏陶。此外，准妈妈还可继续利用哼歌谐振法来对胎儿进行胎教，每天可以哼唱几首歌，最好选择抒情歌曲或轻歌，唱的时候心情要舒畅，富于感情，如同面对亲爱的宝宝，倾诉一腔的母爱，让胎儿感受到母亲的关爱。

● 美育胎教：欣赏名画《哺乳圣母》

列奥纳多·达·芬奇，意大利文艺复兴三杰之一，也是整个欧洲文艺复兴时期最完美的代表。他是一位思想深邃、学识渊博、多才多艺的画家、寓言家、雕塑家、发明家、哲学家、音乐家、医学家、生物学家、地理学家、建筑工程师和军事工程师。他是一位天才，他一方面热心于艺术创作和理论研究，研究如何用线条与立体造型去表现形体的各种问题；另一方面也同时研究自然科学，为了真实感人的艺术形象，他广泛地研究与绘画有关的光学、数学、地质学、生物学等多种学科。他的艺术实践和科学探索精神对后代产生了重大而深远的影响。

《哺乳圣母》完成于1490年，是达·芬奇前期肖像艺术的一个范例，现藏于俄罗斯艾尔米塔日博物馆。在这幅画中，画家更多强调的是一种母爱的普遍人性。圣母形象丰满，神态恬静，洋溢着一种年轻母亲的温柔的爱子之心。圣母怀里的婴儿形象被画得很生动。

● 情绪胎教：做好分娩的心理准备

“十月怀胎，一朝分娩。”准妈妈此时的心情是十分复杂的，既对即将到来的分娩和即将迎来的小生命感到十分的好奇和惊喜，又对马上要面对的漫长的产程、难忍的产痛、可怕的出血以及产程中可能出现的问题感到恐惧和不安，并且对自己能否顺利地度过产程、新生儿是否健康等抱怀疑的态度。凡此种种，均是不良的心理状态。

1.参加产前学习班，掌握分娩常识

如果条件允许，夫妇双方应共同参加医院举办的准妈妈学校。一起学习分娩的相关知识，了解临产的征兆、分娩的全过程、分娩的不同方式、缓解疼痛的方法、分娩中紧急情况的处理、新生儿的特点及护理等知识。这对于缓解分娩前的紧张和恐惧是很有帮助的。

学习班中还讲授实用的分娩中的呼吸运动、体位调整以及减轻疼痛的方法。并且，现今的准妈妈学校，已有别于老式的单纯讲课的模式，有些准妈妈学校可以让准妈妈及其家属参观住院病房、待产室、产房、新生儿沐浴室等，使得准妈妈更早地熟悉医院的环境，尽快适应，以消除紧张情绪。

2.充分相信医生、医院，树立分娩信心

有些准妈妈担心分娩时疼痛，也害怕宝宝不能顺利出生，就盲目要求剖宫产，这是不必要的，应该认识到阴道分娩是一个正常的生理过程，而剖宫产仅仅是应付难产的补救措施。如果准妈妈骨盆大小正常、胎宝宝大小适中、胎位正常、无产科并发症和其他疾病，阴道分娩是完全可行的。应当消除不必要的顾虑，放下年龄的包袱，坦然地面对分娩的考验，树立必胜的信心。同时也要认识到分娩中的风险和困难，应充分地信任医院设施和条件及医生的医德和医术，要与医生充分地沟通，密切配合，就一定能够使母婴平安。

3.积极调整心态，主动配合分娩

分娩是一个艰难而又痛苦的历程，只有抱有积极、乐观的心态，主动与医生、助产士、儿科医生配合，才能顺利度过漫长的产程。在产程刚开始的时候，要注意休息，努力进食，避免喊叫，为接下来的产程积蓄能量，保存体力。在第二产程中，要主动屏气用力，配合宫缩，顺利娩出胎宝宝，避免产道损伤。在第三产程中，配合宫缩，娩出胎盘，避免产后出血。

Tips 小贴士

准妈妈在分娩前是否具有充分的、正确的心理准备，是关系到能否顺利地分娩、生育健康的新生儿、避免分娩损伤的大事，应做好以下几点。

第39周 胎教计划

胎宝宝即将出生

本周胎宝宝的身长已经差不多有51厘米，体重为3.2千克左右，相当于一个西瓜的重量。胎宝宝的脂肪层仍在发育，并且还会分泌一种白色的油脂状物质，这种物质一直保护着他的皮肤。胎宝宝就要出生了，如果超过预产期也没关系，因为只有5%的胎宝宝会在预产期那天出生，而有75%的是超过预产期才出生。

准妈妈宫缩更加频繁

接近预产期，子宫下移，准妈妈的胃肠感到舒适，但膀胱会受到压迫，感觉要经常去厕所。胎宝宝进入骨盆中央，准妈妈的脚踝或耻骨会有疼痛感。同时，准妈妈的体重仍然会继续上升，感受到越来越频繁地出现宫缩疼痛，这意味着不久之后，分娩就会发生。

视觉胎教：训练胎宝宝对光线的敏感度

这个月还应该对胎儿进行视觉胎教，因为这个时期的腹壁、子宫壁已变得较薄，光线易于透过，用不刺眼的柔和光线可以增加胎儿对于明暗的感觉和节奏，以此提高胎儿对光的敏感度，初步促进生物钟的建立，对大脑的发育和成熟有利。具体的做法是：每晚在听音乐之前和之后，用一号电池的手电筒，玻璃光罩直贴在腹壁上，约在宫底以下三横指处对胎儿进行照射，每次照射2～3分钟。

● 情绪胎教：树立自然分娩的信心

很多准妈妈对即将来临的分娩可能会有过多的顾虑，其实大可不必过分担心。俗话说，十月怀胎，一朝分娩。分娩是人类繁衍过程中的一种正常生理过程，是人类的一种本能行为，母亲和胎宝宝都具有天生的潜力主动参与并完成分娩过程。

从受精卵开始，胎宝宝在母体内经历280天的生长发育逐渐成熟，而准妈妈的身体结构也逐渐地发生变化，变得更有利于分娩，尤其是生殖系统的变化更为突出，为胎宝宝的降生做好充分的准备。比如骨盆各骨的关节活动度增大，韧带松弛，各骨会有轻度的移位，骨盆的容积增加，临产后子宫下段逐渐拉长、变薄，子宫颈管逐渐消失，宫颈口逐渐扩张，阴道变薄，阴道黏膜皱襞增多，极富伸展性。胎宝宝在分娩过程中也会主动参与，比如胎宝宝在通过产道时，为适应骨盆各个平面不同的形状会做出一系列适应性的转动，以最小的径线通过产道。另外，我们常会看到自然分娩的小宝宝头颅都拉长变形，有的头顶上还有1～2个小包，医学上叫作产瘤，这些都是由于受产道的挤压胎头的颅骨变形，头皮水肿而形成的，也是胎宝宝为适应产道所做的努力，这样就使得大部分产妇都可以自然分娩。如果产妇妊娠已过期，胎宝宝头颅骨变硬，产程中不易变形，则有可能增加难产的机会。而宝宝的这种头颅变形或水肿准妈妈也不必担心，出生几天后就会自然消退。

知道了以上这些母亲和胎宝宝的天生的本领还不够，准妈妈还要了解阴道分娩对自己和胎宝宝有哪些好处。分娩过程中子宫有规律的收缩能使胎宝宝肺脏得到锻炼，使胎宝宝肺泡得到扩张，促进胎宝宝肺成熟，出生后很少发生肺透明膜病；胎头受宫缩和产道挤压，头部充血，可提高脑部呼吸中枢的兴奋性，有利于新生儿娩出后迅速建立正常呼吸；受宫缩和产道的挤压，胎宝宝呼吸道内的羊水和黏液被排挤出来，使新生儿患吸入性肺炎的机会大大减少。此外，母体内免疫球蛋白在自然分娩过程中可传给胎宝宝，剖宫产的胎宝宝缺乏这一获取抗体的过程，因而自然分娩的新生儿具有更强的抵抗力。而对母亲来说，自然分娩产后子宫复原更快，并且减少了产后出血。

下面是已做妈妈的人向准妈妈介绍怎样增强信心、战胜恐惧，保持轻松的好心情。

● 临近分娩的日子，你可能会由恐惧变得烦躁不安起来，要意识到这样对腹中的胎宝宝没有好处，可通过听音乐，看美丽、可爱的东西，使情绪稳定下来。

● 参加准妈妈学习班和看有关的杂志，了解分娩的过程，学习呼吸减痛法等，通过掌握知识获得力量，以此鼓励自己。

● 通过自我暗示坚信：大多数女人都要走这样的路，自己也能走过去，采取顺其自然的态度。

● 无论宫缩是否疼痛，想到宝宝在和自己一起努力，身上就充满了力量，总之，你应该相信自然的力量和自己的潜力，坚定自然分娩的信心，去体验一个女人、一个母亲的完整经历，当你走过这段路程后，就会为自己的坚强和勇敢感到骄傲。

● 情绪胎教：读诗缓解紧张情绪

饮湖上初晴后雨

苏　轼

水光潋滟晴方好，
山色空蒙雨亦奇。
欲把西湖比西子，
浓妆淡抹总相宜。

欣赏美景也是一种胎教，你可以让梦想插上翅膀，让宝宝也能欣赏到美景。这是一首描写西湖美景的诗。西湖的美，无人不知，犹如一位娇羞的美女，总怕别人把她的容颜看真切。大多人来西湖游赏，都盼望有一个晴好的天气，可偏偏总是下雨，所以诗人描述的西湖，总是蒙上了雨雾的。不过，它烟雨朦胧的雨中之景更是惹人喜爱，放眼望去，一片迷蒙，对面的苏堤、断桥、湖中小岛上的亭台楼榭，湖面上飘荡的小船……这一切，宛如一幅秀美的中国山水画卷，令人迷醉。

你可以任凭思绪飞舞，把想象到的美景对腹中的胎宝宝诉说，让这些美的元素透过你的思维传入胎宝宝的大脑中，让他感受到舒适与怡然。

第40周 胎教计划

● 胎宝宝已经做好了出生的准备

胎宝宝的头骨要在出生以后才会逐渐闭合，这样他就能顺利地通过产道了。大自然母亲安排好了一切。胎宝宝在通过产道时，尚未闭合的头骨会重叠一点点，因此胎宝宝在出生后头部可能会略呈圆锥形。用不着担心，这种情况很正常，只是暂时性的。新生婴儿的平均体重是3.4千克，身长51厘米。

● 准妈妈即将生产

准妈妈的身体整体进入分娩准备状态，产道变软，分泌物增多，经常有腹坠现象。阵痛每间隔10分钟1次，最后开始产前阵痛，初产妇在规则的阵痛后约12小时就会分娩。

● 综合胎教：各种胎教方法交替使用

这个月，胎儿的各系统已经发育得比较完善，此时各种胎教方法对胎儿都可以使用，所以准妈妈在这时要将各种胎教方法综合进行，灵活应用，对胎儿进行胎教。

一般的做法是，每天清晨起床，都要拍着腹中的胎儿对其说一些关于天气或问候的话语；然后，到户外散步，可以边散步边对胎儿进行抚摩和说话；晚上睡觉前则进行音乐胎教，一边听音乐一边抚摩胎儿。当然每个准妈妈可以根据自己的实际情况来选择适合自己的胎教方法，只要是对胎儿有益的都可进行。另外，在进行胎教时，应按照各种方法提出的要求进行，这样做收效会更大。

● 情绪胎教：别让过期妊娠扰乱心情

过期妊娠是指妊娠期已达或超过42周。导致过期妊娠的原因很多，主要有雌激素水平过低、胎盘硫酸酯酶缺乏、头盆不称、遗传等。

1.导致过期妊娠的原因

头盆不称：胎宝宝较大，胎头迟迟未入盆，宫颈未受到应有的刺激，使产程推迟。这是较多见的原因。

雌激素水平低：血中雌激素水平的高低与临产有密切关系，血雌激素水平过低会引起过期妊娠。

胎盘硫酸脂酶缺乏：无法将这种活性较弱的脱氢表雄酮转变成雌二醇及雌三醇，以致发生过期妊娠。

遗传：有少数妇女的妊娠期较长，数胎均出现过期妊娠，有时尚见于一个家族，说明这种倾向可能与遗传有关。

2.过期妊娠对准妈妈和胎宝宝的影响

缺氧：过期妊娠时，胎盘老化，胎盘功能衰退，经胎盘供给胎宝宝的氧气和营养减少，易导致胎宝宝皮下脂肪减少，全身脱水，皮肤干裂、皱褶等状况，像个小老人。这类胎宝宝很容易发生宫内死亡，即使出生，其健康状况也比正常分娩儿差，常常因脱水、贫血、肺部感染等而夭折。

难产：过期妊娠时，若胎盘的功能没有发生衰退，胎宝宝会在子宫内继续发育生长，最后形成巨大胎宝宝——胎宝宝体重超过4.0千克，身长超过55厘米，头颅变硬，两肩变宽。此时，由于胎宝宝过大，不仅会增加分娩的困难造成难产，同时也会增加胎宝宝颅内出血、母体产道损伤等的机会。

新生儿疾病：由于缺氧，还可引起胎宝宝肛门括约肌松弛，使胎粪排入羊水中，使羊水变浑浊。在分娩过程中，如吸入混有胎粪的羊水，易造成新生儿吸入性肺炎。

准妈妈一旦过期妊娠就要及时住院，在医院、医生可以复核预产期，评估胎宝宝大小及其生长发育情况，明确有无胎宝宝宫内缺氧、巨大儿及羊水过少情况，并进行胎宝宝监护，决定是否采用剖宫产。

● 运动胎教：练瑜伽，迎接分娩

为了给分娩做准备，准妈妈需要对一些特殊部位和肌肉群进行锻炼和调整。瑜伽所崇尚的适度、温和的修炼方式和针对人由内及外的整体关注，能够带给准妈妈全面的帮助。

1.跪坐调息

动作说明：跪坐，脚背贴地，两膝盖、两脚尖并拢，脚跟分开。双手手心向下，分别置于大腿上，上身挺直，闭眼。感受呼吸，平静思想。

运动量：根据自己的身体情况决定运动时间，最好是在饭后进行，这样有助于消化。练习时间由短至长，以舒服为度，慢慢感觉身体和思想的平静和完全放松。

益处：可以锻炼大腿和小腿肌肉，使下肢更有力量，有助于顺利生产。

注意事项：患严重关节炎、静脉曲张的准妈妈忌做。

2.坐姿展髋式

动作说明：坐下，双脚向趾骨方向拉近，脚掌合对，脚跟尽量接触会阴部。屏住呼吸6秒钟，躯干和脖子挺直，两膝尽量贴近地面展开，双手抱住脚趾，或放在膝盖上。呼气3秒钟，还原。

运动量：2～3轮。

益处：伸展下肢，可以加强大腿内侧和骨盆区域的肌肉，为分娩做好充足准备。

注意事项：患严重关节炎、痔疮、下腹部炎症的准妈妈忌做。

3.平蹲式

动作说明：吸气2秒钟，手心向下，伸直双臂从体前抬起至与地面平行，同时踮起脚尖（如不能保持平衡，可以采用双手扶住椅子或窗台的方法做踮起动作。）缓慢向下蹲。呼气2秒钟，保持手臂平伸及踮脚下蹲的姿势，大腿压在小腿肚上。吸气2秒钟，保持踮脚姿势慢慢站起。呼气，还原。

运动量：做3轮。

益处：加强大腿和骨盆肌肉，使分娩更加顺利。

注意事项：如果感觉踮脚吃力，可采用不踮脚的方式来做。有眩晕、严重关节炎的准妈妈忌做。

准妈妈练习瑜伽要根据身体情况量力而行，随时请教瑜伽教练，切不可盲目练习。建议准妈妈从妊娠第4个月开始练习瑜伽，每周2～3次，每次练习以身体舒适为宜。如果没有流产史、身体健康，那么只要觉得准备好了，就可以进行轻柔的增强身体力量、提高肌肉柔韧性和张力的锻炼。需要注意的是，要循序渐进地增加运动量，不要突然加大运动量或者延长运动时间。如果你有习惯性流产史或者身体特别虚弱，则要谨慎地练习。

小贴士

在整个妊娠过程中，准妈妈可以练习不同的瑜伽姿势，但必须以舒适度为准。瑜伽练习因人而异，必须与身体状况相协调。练习时如感觉不适应该马上停止。孕期锻炼很必要，但切忌过量。如果有轻微出血，则要按照医生要求卧床休息，停止锻炼。